KB125227

스칸디나비아와 북미의 연령통합형 코하우징을 찾아서
Finding Age-integrated Cohousing
Communities in Scandinavia
and North America

코하우징 공동체
Cohousing Communities

글 최정신·홍서정
사진 최정신

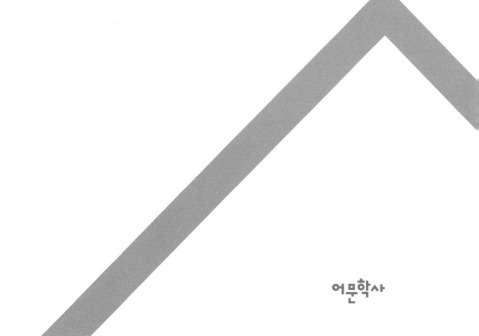

어문학사

서문
Introduction

주 저자 최정신 교수는 1994년 덴마크 코펜하겐Copenhagen 소재 덴마크 왕립미술아카데미 건축학과Danish Royal Academy of Fine Arts, Department of Architecture에 유학하면서 처음으로 스칸디나비아 사람들의 새로운 대안주거의 하나인 코하우징을 접하고 흥미를 가지게 되었다. 그 후, 스웨덴 예테보리Göteborg의 샬머스공과대학교 건축대학Chalmers University of Technology, School of Architecture의 객원연구원으로 근무하게 되면서 스웨덴의 노인주거연구로 유명하였던 이언 폴손Jan Paulsson 교수와 인연을 맺고 코하우징, 시니어 코하우징 등을 주제로 다수의 공동연구와 저술활동을 수행하였다.

공동저자 홍서정은 대학원 석사, 박사과정 수학기간 동안 코하우징 주제에 관심을 가지고 미래에 다가올 한국형 코하우징의 개발에 대한 선구적인 연구를 수행해 왔다.

이 책은 두 사람의 오랜 연구주제인 세계의 코하우징에 대한 연구와 답사를 통하여 장기간에 걸쳐 얻어진 결과를 집대성한 결과물이다. 그동안 발표한 논문에서는 페이지의 제한이 있어 자세한 자료를 독자들과 공유할 수 없었다. 그러한 아쉬움을 보다 여유롭게 보여줄 수 있는 책에서 자료사진, 도면, 인터뷰 자료 등을 도입하여 세계 각국의 코하우징의 구체적인 사례를 독자들과 나누고 싶었다. 이 책은 1994년을 시작으로 2016년에 걸쳐 진행되었던 세계 각국, 주로 유럽과 북미 대륙의 코하우징 답사에 대한 결과를 주제로 특히 덴마크, 스웨덴, 미국, 캐나다의 12개 코하우징 공동체에 대한 생생한 자료를 담고 있다.

코하우징의 특성을 논할 때 가장 중요한 영향을 미치는 요인은 주민의 연령, 즉 연령통합형 코하우징인가 시니어 코하우징인가 하는 점이다. 시니어 코하우징은 55세 이상의 부부나 1인 가구만을 주민으로 한정하는 데 비하여 연령통합형 코하우징은 0세 이상의 영유아를 포함하여 90세 이상의 노인층까지 연령에 제한 없이 다양한 주민이 거주하기 때문에 공동활동의 요구, 종류, 빈도, 커먼하우스의 디자인 등의 세부적인 면에서는 연령에 따른 차이가 나타난다. 2015년 말에 최정신 교수와 이언 폴손 교수가 공동집필하여 출판한 『스칸디나비아의 시니어 코하우징』이 스웨덴과 덴마크의 시니어 코하우징Senior Cohousing만을 중점적으로 다룬 데 비하여 이 책은 스웨덴과 덴마크는 물론, 미국과 캐나다까지 지역을 확대하고 코하우징의 유형을 시니어 코하우징을 제외한 연령통합형 코하우징만을 다룬 것이 두 책 간의 중복성을 피하고 차별성을 강조한 특징이라 할 수 있다.

이 책을 집필함에 있어서 저자들은 일반인들의 이해를 돕고 흥미를 유발할 수 있도록 책 전체를 읽기 쉬운 용어로 집필하고, 가능한 한 많은 사진자료들을 수록함으로써 전문가, 학생들은 물론 대중독자들도 쉽게 다가갈 수 있도록 노력하였다.

저자들은 이 책이 최근 서울시에서 새롭게 추진되고 있는 공동체주택의 개발에 있어서 한국의 독자들이 코하우징에 대한 인식을 넓히고 자신들의 미래를 위한 주거대안의 하나로서 코하우징을 깊이 생각해볼 수 있는 기회를 제공해줄 수 있기를 기대한다.

2017년 11월

한강을 바라보는 서울 여의도 연구실에서

최정신

Contents

Part 3 코하우징 공동체의 생활
Life in Cohousing Community

Part 4 코하우징 공동체의 사례
Examples of Cohousing Communities

프롤로그

Prologue

현대사회에서 분주한 삶을 살고 있는 사람들은 하루의 일과를 마치고 모두들 어디로 돌아가는가? 그들은 과연 자기 집을 그리워하며 돌아가고 있는 것일까? 그들의 집은 어디인가? 그들의 집은 어떻게 생겼을까?

집에 가고 싶어도 집이 없어서 돌아갈 곳이 없는 사람들, 혼자 사는 집이 썰렁해서 들어가기 싫은 사람들, 낯선 이웃과 마주치는 게 어색해서 서로 눈을 피하며 엘리베이터를 타고 곧장 자기만의 아지트로 숨어드는 사람들, 밀집된 아파트의 아래위층에서 한밤중에 망치 두드리는 소리, 세탁기 물 내리는 소리, 아이들이 쿵쾅거리며 뛰는 소리, 이웃의 다툼소리에 짜증이 나서 집에 들어가기 싫은 사람, 눈 붙일 푸른 풀밭 한 조각 없는 빽빽한 도심지에 있는 집이 숨 막혀서 들어가기 싫은 사람, 집에 가면 할 일이 산더미 같이 쌓여 있어 들어가기 싫은 사람….

여러 가지 이유에서 사람들은 집을 동경하기도 하고, 돌아가고 싶어 하기도 하고, 또한 가기 싫어하기도 한다. 집을 우리가 추구하는 진정한 삶의 보금자리, 언제나 가고 싶은 곳으로 만들 수 있는 방법은 없는 것일까? 현대인들이 일상생활에서 마주치는 집에 대한 기대, 소망과 실현 등의 다양한 문제를 기존의 생각과는 다른 방법으로 풀어보고자 하는 대안 중의 하나가 바로 코하우징운동이다.

▲ 옆집에 사는 이웃을 내 가족이나 친척처럼 사귀고 사소한 재미를 나누며 주민 한 사람, 한 사람이 가진 재능과 자원의 다양성을 인정해주는 주거공동체.

▲ 공동작업을 나누어 생활비를 절약하고 매일의 가사노동과 육아의 부담을 덜며 적절한 비용으로 내 집을 가질 수 있게 해주는 주거공동체.

이러한 집의 실현이 코하우징을 통하여 가능하다.

국내에서는 아직까지 조금은 낯선 단어인 코하우징의 실체에 대하여 외국에서 개발된 사례를 구체적으로 다룬 이 책을 통하여 우리는 코하우징 주거공동체를 이해하고 함께 고민하여 그 실현방안을 모색해볼 수 있을 것이다.

Concept of Cohousing

Part 1

코하우징의 개념

코하우징이란 통상적인 주택에 비하여 보다 많은 공간과 서비스를 공동으로 사용하며 생활하는 주거단지이다. 코하우징에서는 공유공간을 함께 사용하고 공동식사, 작업, 취미활동과 같은 공동활동을 함께 나누고 싶어 하는 다양한 연령대의 사람들과 가족들이 거주한다.

다른 국가들에 비하여 전형적인 핵가족 체제가 더 일찍 붕괴되고 기혼여성의 취업률이 높은 스칸디나비아 국가에서는 20세기에 들어서 양성평등과 일상생활에서 가사노동의 간소화를 목표로 코하우징이라는 새로운 주거대안이 개발되었다.

코하우징의 기본적 이념은 공동체 안에서 주민들이 공동활동에 자발적으로 참여함으로써 주민 간에 친밀감을 증가시켜 안전한 주거환경을 조성하는 것이다. 이러한 이념의 실천을 통하여 취업한 기혼여성에게는 가사노동의 경감을, 혼자 사는 노인과 1인 가구에게는 고독감의 해소를 가져올 뿐 아니라 생활비도 절약할 수 있다.

1 코하우징의 정의
Definition of Cohousing

    코하우징은 학자 또는 나라에 따라 콜렉티브후스kollektivhus, 부팰레스카버bofællesskaver, 코퍼러티브 하우징co-operative housing, 협동주택 등의 다양한 용어로 표현되고 있으나 코하우징cohousing이라는 영어 용어가 가장 일반적으로 사용된다.

    인구학적 변화와 경제적 변화가 일어나고 있는 현대사회에서 전통적인 주거형태는 많은 사람들의 요구를 더 이상 충족시켜줄 수 없게 되었다. 우리나라는 1970년대 이후로 급격한 산업성장을 이루어 국민들의 경제적 생활수준은 향상되었으나 한편으로는 극단적인 개인주의와 자기 가족만 생각하는 가족주의에 따른 심각한 사회문제에 직면하게 되었다. 특히 2010년대에 들어서 대두된 사회·인구학적 변화 즉, 노인인구의 급격한 증가와 출산율의 저하, 맞벌이 가족의 증가, 이혼율의 증가로 인한 한부모가족의 증가, 결혼기피 또는 만혼경향으로 인한 1인 가구의 증가 등은 새로운 주거대안을 필요로 하게 되었고 그 중의 한 가지로 코하우징이 국내에 새롭게 소개되었다.

근래에는 6세 미만의 어린이를 둔 많은 기혼여성들이 외부에서 시간제나 전일제 직업을 가지는 경우가 일반적이므로 이로 인해 육아, 가사와 식사 준비에도 많은 어려움을 겪고 있다. 이러한 현실에도 불구하고 각 세대는 식사준비와 장보기를 스스로 해야 하며 가족의 수나 직업유무에 관계없이 대형 냉장고, 식기세척기, 세탁기, 건조기, 작업공구, 자동차 등을 각 가정마다 소유하고 있다. 이러한 낭비를 줄이기 위해서 공동체 주거에서는 개인주택의 규모를 줄이고 공유공간을 넓혀서 각 세대가 개별적으로 소유하는 것보다 더 좋은 설비를 공동으로 구입하여 저렴하게 활용할 수 있는 방안을 생각하게 되었다. 공동체 주거에서 주민들끼리 주택과 정원관리, 세탁, 저녁식사, 육아와 같은 활동을 공동으로 수행함으로써 각 가구에서 개인적으로 하는 것보다 가사노동시간과 생활비용을 더욱 효율적으로 감소시킬 수 있다.

현대인들은 개인적인 프라이버시 보호에 집착하여 공동체 생활을 등한시하고 개인주의가 팽배하여 고립된 문화를 만들어 가는 경향이 있었으며 최근 이러한 현상에 대한 비판이 일어나고 있다.

이러한 의미에서 공동체 주거인 코하우징은 개인적인 취향, 나이, 수입, 인종 등에 의해 분리된 현재의 생활양식을 극복하려는 하나의 대안이다. 과거의 촌락공동체 사람들은 한 마을에서 오랫동안 서로 알고 지내왔기 때문에 각 가족과 성격, 재능 등 모든 것에 대하여 잘 알고 있었으며 이러한 친밀한 관계는 상호간 책임을 요구하기도 하지만, 한편으로는 안전과 소속감을 보장해 주었다. 코하우징은 이와 같이 장소와 이웃에 대한 공동체 의식을 재창조하기 위한 현대적인 모델의 주거형태이며, 반면에 종래의 공동체에서 이웃과 너무 친밀하여 강요하거나 압박하던 환경을 개선하여 프라이버시를 추구하는 현대인의 요구를 반영한 공동체 주거 방식이다. 어떤 사람들은 코하우징을 작은 공동체로의 회귀라고하고 또 어떤 사람들은 코하우징이 자기들이 낳고 자란 전통적인 마을이나 친척들로 이루어진 이웃이라고도 한다. 반면에 미래학자들은 코하우징을 21세기의 사회적, 경제적, 환경적 도전에 대한 새로운 반응이라고 한다.

코하우징은 1988년에 이미 25년간 공동체주택의 역사를 가진 덴마크로 부터 시작되어 유럽, 북미, 아시아 대륙으로 전달되어 자립적인 개인주택에 살면서 공동체의 이점을 복합하기를 희망하는 사람들을 위한 새로운 생활양식으로 전파되고 있다.

코하우징의 사회적 교류와 공유자원의 정도는 공동체에 따라 다르다. 코하우징의 개발은 상상, 욕구, 자신들의 이웃을 능동적으로 창조하려는 사람들의 자원에 따라 영향을 받는다. 코하우징은 어떤 특정이념을 추구하기보다는 보다 실용적이고 사회적인 주거환경을 희망하는 민주적 원칙을 기반으로 하고 있다.

외국에서는 코하우징에 대한 학문적 접근이 비교적 다양한 분야에서 이루어져 구체적으로는 코하우징의 공동활동을 양성평등의 관점에서 보는 여성학적 접근, 외동자녀의 사회성 발달과 단지 내에 자동차가 없는 안전한 주거환경 때문에 아동양육의 바람직한 환경으로 보는 아동학적 접근, 주민들이 건축물을 짓는 현장이나 음식물의 소비, 자동차 사용 패턴 자원절약 등의 일상생활에서 실행하는 친환경적 생활과 에너지 절약의 관점에서 보는 생태학적 접근, 그리고 주민 간의 사회성을 촉진시키는 건축물의 배치와 설계전략 등을 위주로 보는 건축학적 접근 등이 그것이다.

최근 국내에서도 개별 가구의 주택공간 이외에 전체주민을 위한 여유 있는 공유 공간을 설치하고 일상생활에 있어서 적극적인 주민참여를 도모하는 공동주택 모델을 '공동체주택'이란 용어로 부르며 이 범주에 셰어하우징share housing과 코하우징을 포함하여 서울시 주도 하에 시험적 개발단계에 들어섰다. 그러나 아직까지 국내에서 코하우징에 대한 일반인들의 인식수준은 매우 낮아서 이러한 대안주거에 대하여 앞으로 지속적이고 적극적인 홍보가 필요한 실정이다.

1 코하우징의 특징

코하우징을 통상적인 주거단지와 비교하면 다음의 5가지 특징을 가진 주거단지로 정의할 수 있다.

- ▲ 참여과정
- ▲ 이웃을 중요시하는 디자인
- ▲ 개인주택을 지원하는 공동생활시설
- ▲ 주민에 의한 관리
- ▲ 비계급적인 구조와 의사결정

참여과정

코하우징의 주민들은 공동체의 계획과 단지의 디자인에 직접 참여하여 자기들의 요구를 반영한다. 아무리 디자인이 잘되고 보행자 도로를 중심으로 만들어진 훌륭한 주택단지라도 계획단계에서 주민들의 참여가 없었다면 진정한 의미의 코하우징이라고는 할 수 없고 단지 '코하우징의 영감을 받은cohousing inspired' 주택단지라고 할 수 있다.

그림 1-1
디자인과정에 주민들이 참여하여 완성한
코하우징의 외관과 계획안
(캐나다 랭리 윈드송 코하우징).

이웃을 중요시하는 디자인

코하우징의 물리적 디자인은 프라이버시를 유지시켜줄 뿐만 아니라 공동체의식을 강화시킨다. 주차장을 단지입구에 모아서 배치하여 자동차의 출입을 제한하고 단지 내에는 보행자 도로를 위주로 디자인하면 길에서 오가며 다른 주민들을 쉽게 마주칠 수 있고 어린이들이 안전하게 놀 수 있으며 공동체의식도 강화시킨다. 그리고 보행자 도로를 중심으로 주택들이 서로 마주 보게 디자인 하는 것도 이웃 간에 쉽게 만나게 해주는 방법이다. 이와 같이 코하우징에서는 다양한 디자인 방법을 활용하여 의도적으로 주민 간의 만남을 촉진한다.

그림 1-2 자동차 주차장을 단지의 입구에 배치하고, 내부는 보행자도로로 계획하여 어린이에게
안전한 놀이공간을 제공한다(미국 바티매우스 코하우징).

개인주택을 지원하는 공동생활시설

코하우징의 공동생활시설, 즉 커먼하우스common house는 매일 사용하는 일상적인 용도의 공간이다. 이 시설들은 공동체를 통합시키는 공간으로 전형적으로 부엌, 식당, 거실, 세탁실, 어린이 놀이방, 취미실, 작업실, 손님방, 정원 등과 같은 시설들이 포함된다. 각 개인주택에도 물론 부엌이 있기는 하지만 큰 그룹이 모일 때에는 최대한 커먼하우스의 공동부엌이나 식당을 이용한다. 코하우징에서는 많은 일상적인 활동을 공동생활공간에서 해결할 수 있으므로 코하우징의 개인주택은 일반주택에 비하여 규모가 작은 편이다.

그림 1-3
주민들이 공동으로 사용할 수 있는 여유 있는 규모의 커먼하우스에서 주민행사가 이루어진다
(미국 워싱턴주 바티매우스 코하우징 커먼하우스).

그림 1-4 좋은 설비가 갖추어진 공동작업실을 사용하면 비용은 물론, 개인주택의 규모도 줄일 수 있다 (스웨덴 예테보리 마이박켄 코하우징).

그림 1-5 공동 취미활동에 참가함으로써 주민 간에 친밀감이 증가한다(스웨덴 예테보리 마이박켄 코하우징) (자료: www.majbacken.se).

그림 1-6 주민들이 공동식사에 참여함으로써 공동체의식이 강화되고 생활비도 절약된다 (미국 워싱턴주 와이즈 에이커즈 코퍼러티브).

주민에 의한 관리

코하우징으로 입주한 이후에는 주민들이 자치적으로 공동체의 관리에 참여함으로써 주민 간에 서로 잘 알게 되어 공동체의식이 강화되고 실질적인 주택관리 비용도 절약할 수 있다.

그림 1-7 주택 관리는 주민들의 공동활동 참여로 이루어지므로 관리비 절약의 효과도 있다 (스웨덴 스톡홀름 툴스투간 코하우징)(자료: www.tulstugan.se).

비계급적인 구조와 의사결정

　공동체마다 지도자의 역할이 있겠지만 코하우징에는 지도자가 없다. 때로는 공동체를 시작하는 데 자신의 '영혼을 불사르는' 열성적인 사람이 있기는 하지만 공동체가 어느 한사람에게 의존하는 것은 아니다. 만일 일방적으로 정책이나 기준을 세우는 리더leader가 있다면 그것은 진정한 코하우징이 아니다. 코하우징에서는 대부분 만장일치제로 의사결정을 하는 경우가 많다. 만장일치로 의사결정을 하려면 다수결로 하는 경우보다 시간이 많이 걸리고 어렵다. 그러나 만장일치제를 사용함으로써 다수결에 의한 결정사항에 동의하지 않는 일부 주민들이 불만을 가지게 되는 것을 방지하는 한편, 자기들이 결정한 사안에 대하여 모든 회원들이 동등한 정보공유와 책임감을 가지도록 해준다.

그림 1-8
주민들이 자유로운 의견을 개진하는 만장일치제 의사결정 과정(스웨덴 스톡홀름 플레스터바케 코하우징).

2 코하우징 주민의 특성과 이주 동기

코하우징에는 과연 어떤 사람들이 살고 있을까? 그들에게는 어떠한 공통적인 특성이 있는 것일까? 코하우징 주민의 사회 인구학적 특성을 연구한 학자들은 세계 각국의 코하우징 주민들이 국가를 막론하고 공통적인 특성을 가지고 있다는 흥미로운 결과를 발견하였다.

코하우징에서는 주민 간의 협동을 통하여 육아와 일상적인 가사업무를 분담한다는 기본적인 이념 때문에 직업과 가사를 양립해야 하는 기혼의 직업여성가족(맞벌이가족), 어린이를 혼자서 양육하지만 자녀에게는 일반 가족과 같은 환경을 제공해 주고자 하는 한 부모 가족, 혼자 살면서 고독감을 느끼기 쉬운 노인가족과 1인가구 등이 주민의 주류를 이룬다. 성별은 남성보다 여성이 많고 직업은 공무원, 교사, 자유업 등에 종사하는 사람들이 많아 교육수준이 비교적 높은 편이며 소득은 중간소득계층이 많다. 그리고 유색인종보다는 백인들이 많다.

덴마크와 스웨덴의 시니어 코하우징을 대상으로 한 연구결과에서는 구체적으로 다음과 같은 주민 특성이 나타났다. 주민의 3분의 2 정도가 여성, 평균연령은 70대, 가족구성은 독신과 부부가족이 거의 비슷한 비율을 차지하지만 독신가구가 약간 더 많았다. 설문

응답자의 3분의 2 정도가 시니어 코하우징에서 적어도 3년 이상 계속 거주하고 있었고, 건강상태는 양호하였다. 반 정도의 주민이 초등학교 졸업자였지만 동시에 20퍼센트 이상이 대졸 이상의 학력을 가지고 있어서 스칸디나비아의 전체적 교육수준과 비교한다면 상대적으로 학력이 높은 편이었다. 은퇴 전의 주된 직업은 장기간의 전문교육이 필요한 직업에 종사한 사람들이 가장 많았다. 이와 같은 응답자들의 사회 인구학적 특성은 스칸디나비아의 시니어 코하우징 주민의 일반적 특성을 잘 반영한다고 볼 수 있다.

그러면 사람들은 왜 코하우징으로 이주하는가? 사람들이 코하우징으로 이주하는 이유는 매우 다양하다. 단독주택에서 자립적으로 살던 가족이 코하우징으로 이주해 오는 이유는 이웃과 가까이 살면서 사회적 관계를 유지할 수 있기 때문이다. 한 부모가족이 코하우징으로 이주하는 이유는 자기 아이들에게도 양 부모가족의 아이들과 같은 사회적 관계를 제공해 줄 수 있고, 조리나 양육과 같은 실질적인 측면에서도 서로 도움을 주고받을 수 있기 때문이다. 노인 가구가 코하우징으로 이주하는 이유는 은퇴 후의 남아도는 인적자원을 활용하고 세대 간 교류를 원활하게 하기 위해서이다. 또는 시니어 코하우징에서 노인 또래끼리 살면서 이웃과의 정서적 지원을 주고받으며 가능한 한 오래도록 시설에 가지 않고 건강한 삶을 영위하기 위해서이다. 한편, 어떤 사람들은 자기들이 추구하는 이념적

가치를 지향하기 위하여 코하우징으로 이주하기도 한다. 대체에너
지 자원, 친환경적 생활, 자급자족 등을 추구하는 생태마을 겸 코하
우징 등이 그러한 예이다.

그림 1-9 다양한 연령층이 모여 사는 바티매우스 코하우징(미국 워싱턴주).

3 코하우징과 지속가능성의 추구

코하우징은 일상생활에서 필요한 요구를 즉시 해결해주기 때문에 나에게는 매우 매력적이다. 나는 코하우징 주민들이 개인적으로 또는 집단적으로 실시하는 모든 활동이 자원을 많이 소모하는 대부분의 미국식 생활양식보다 더 만족스럽고 지속가능한 모델이 된다고 생각한다(코하우징 저널 1997년 여름 호에 게재된 버클리 코하우징Berkely Cohousing 돈 린드맨Don Lindman의 기사에서 재인용).

코하우징은 다음과 같은 방법으로 사회적, 경제적, 환경적 지속가능성을 추구한다:

사회적 지속가능성

코하우징의 주민들은 각기 다른 연령, 교육수준, 가족형태, 인종, 종교, 직업, 정치적 입장 등으로 구성되어 사회적으로 매우 다양하다. 그러나 미래의 주민들은 계획, 디자인, 의사결정 단계를 함께 경험함으로써 지속적인 공동체를 유지하기 위한 단결력을 형성한다. 코하우징에서는 이웃과 서로 잘 알기 때문에 단지 내에서의 생활은 안전하다. 이웃과 교류하면서 친근하고 따뜻한 이웃관계를

그림 1-10
코하우징은 사회적
지원체제 안에서
자기가 살던 곳에서
나이가 들어도 계속해서
살 수 있도록 해준다
(덴마크 프레덴스보
시니어 코하우징).

그림 1-11
코하우징의
공동사무실은
재택근무를 용이하게
해 준다(스웨덴 묀달
코르넷 코하우징의
공동사무실).

만드는 것 이외에 코하우징에 사회적인 이데올로기는 없다.

경제적 지속가능성

주민들이 주택단지의 개발을 스스로 관리한다면 적정가격으로 자기 집을 가질 수 있다. 이것은 개발업자에게 돌아갈 이윤이 양질의 마감재, 주민들이 함께 사용할 공동 공간, 친환경적 디자인과 그 외 무엇이든 주민들이 희망하는 여러 가지 것들을 만드는 데 쓰일 수 있기 때문이다. 미래의 주민들은 관리과정을 통하여 제품을 선택하고 그 제품을 선택할 때 얻게 되는 이윤을 자연스럽게 배우게 된다. 물건구매에 대한 지식을 쌓는 것은 미래의 저축을 위한 높은 투자와 비슷하다.

커먼하우스를 적극적으로 사용하면 개인주택의 면적을 절약해준다. 접근성이 좋은 커먼하우스에서 작업실, 손님방, 공예실, 회의실, 사무실, 어린이 놀이방과 같은 공간을 공동으로 사용하게 되면 개인주택의 규모가 작아도 불편하지 않다.

공동으로 자원을 나누어 사용할 수 있다면 생활의 질을 낮추지 않고도 개인적인 물건을 적게 소유해도 된다. 컴퓨터, 프린터, 팩스, 캠핑이나 스포츠 용구, 냉동기, 공구, 심지어는 자동차까지도 나누어 쓰는 코하우징의 사회적 조직은 일상생활에서 자연스런 부분이기 때문이다.

코하우징 주민 중 많은 사람들이 종사하고 있는 재택근무는 직장으로의 출퇴근으로 인한 교통에 대한 요구를 감소시킨다. 그 뿐만 아니라 코하우징에서는 재택근무에서 발생할 수 있는 사회적 고립을 줄여주고 장비에 대한 비용을 개인적으로 지출할 필요가 없다. 재택근무를 위주로 하는 직업은 코하우징에서 진보된 통신기술로 지원받을 수 있다.

코하우징의 주민 각자가 가지고 있는 인적자원은 공동체에서는 더욱 유용하다. 코하우징에서 지식, 기술, 전문분야, 시간의 교환은 공통적으로 일어나는 일이다. 아이들을 돌아가며 돌보거나 심부름을 조직해서 하는 것은 일상생활에서 필요한 일들을 줄여주는 좋은 예이다. 일상생활에서 필요한 자원을 나누어 쓰고 물건을 대량 구매하여 나누어 쓰는 것도 공동체의 경제조직을 지원할 수 있는 방안의 하나이다.

자기가 살던 곳에서 나이가 들어도 계속 사는 것이 코하우징에서는 가능하다. 유니버설 디자인의 건물 디자인과 공동체 안에서의 사회적 지원은 노인들에게 일반 주택에서보다 더 오래 자립적으로 살 수 있는 환경을 제공해준다.

환경적 지속가능성

사회적 교류는 한편으론 친환경적 행동을 고취시킨다. 코하우징에서의 영향, 협동, 지원은 친환경적 행동의 수준을 높여줄 수 있다. 전형적으로 코하우징의 대지는 대중교통의 접근성이 좋고 자동차를 이용하지 않고도 걸어갈 수 있는 위치에서 많은 서비스와 연결이 가능하다. 이웃 간에 친숙한 코하우징 주민들은 친환경적인 자전거를 이용하거나 자동차를 나누어 타면서 자동차의 구입과 사용을 감소시킴으로써 환경보호를 실천한다.

코하우징에서 협동하여 채소를 재배하는 유기농 정원은 지역사회에서 생산된 먹거리를 제공한다. 자연 경관을 잘 이용하면 지역사회의 에코시스템eco system을 강화시키고 유지를 쉽게 하며 수자원의 사용을 감소시킨다. 자연 서식지를 최대한 보존하고 자연환경에 미치는 영향을 최소화하기 위하여 대지를 적게 점유하는 집합주택을 짓고 새로운 단지를 건설할 때 재활용 건축재료를 사용하는 것은 코하우징에서 일반적인 일이다. 환경에 영향을 적게 미치는 건축재료를 선택하면 온실가스 공해의 양을 절반으로 줄일 수 있다. 어떤 코하우징에서는 건설 시에 10퍼센트 정도의 재생 목재를 사용하여 숲에 대한 영향을 줄이고 목재가 어떻게 생산되는가에 대한 문제에 관심을 모았다.

많은 코하우징에서 쓰레기의 퇴비화와 재활용을 위하여 전형적인 쓰레기 수거방식과 달리 공동체 나름대로의 수집 시스템을 사용하거나 허드렛물을 재활용하기도 하고 빗물을 재활용하여 수돗물을 절약하기도 한다. 에너지를 효율적으로 사용하고 태양열과 같은 대체에너지를 사용하면 환경오염을 줄이면서 생활비를 절약할 수 있다.

그림 1-12 재활용 건축재료로 집을 짓는 일은 코하우징에서 지구의 환경오염을 줄이는 방법으로 자주 사용된다(와이즈 에이커즈와 팅고든).

그림 1-13 주민들이 퇴비를 사용하여 가꾼 정원(덴마크 쾨에 팅고든 코하우징).

그림 1-14 코하우징의 주민들은 자전거를 주요 교통수단으로 사용함으로써 환경오염을 줄이는 데 기여한다(스웨덴 스톡홀름 쇠드라스테이션 코하우징의 자전거 주차장).

그림 1-15 자기에게 불필요한 물건은 서로 나누어 사용한다(캐나다 랭리 윈드송 코하우징).

2 코하우징의 발달 역사
History of Cohousing Development

1 유럽 코하우징의 발달

유럽의 코하우징은 긴 역사를 가지고 있어서 이미 여러 시대에 걸쳐 서비스를 공유하는 주민친화적인 주거단지의 다양한 모델이 개발되었다. 이 모델들은 때로는 정치적, 사회적 비전에서 출발하였고, 때로는 매일의 일상생활의 해결을 위한 실질적인 비전에서 출발하였다. 이 모델들의 가장 중요한 목표는 남성과 여성 사이에 동등한 책임분배, 이웃끼리 서로 알고 함께 작업하는 것, 그리고 공유공간을 함께 사용하는 것 등이었다.

유럽의 역사를 거슬러 올라가면 인간의 이상적인 정주지에 대한 비전이 나타난다. 약 2400년 전에 그리스의 철학자 플라톤Plato

은 이상적인 커뮤니티란 모든 것이 집합되어collectively 조직된 곳이라고 묘사하였다. 1506년 영국의 토마스 무어Thomas Moore는 '어디에도 없는 곳'이란 의미의 『유토피아Utopia』라는 책을 출판하면서 거기에 플라톤의 비전을 추가하였다. 무어의 이상적인 커뮤니티는 공동식당, 공동거실, 공동여가시설 등을 갖추고 사람들이 집단으로 모여 사는 곳이라고 하면서 현존하는 사회를 비난하였다. 그로부터 약 300년 후에 일어난 유럽의 산업혁명은 일과 생활이 집합적으로 조직된 평등주의적인 사회의 비전을 등장시켰다. 영국에서 1840년대에 로버트 오웬Robert Owen이 농업사회와 산업사회의 가장 좋은 점만을 복합한 이상적인 사회를 스케치하였는데 그곳에서는 각 커뮤니티에 약 2,000명으로 주민을 한정하고 생산을 공유하였다. 남성과 여성에게는 평등한 권리가 있었고 넓은 식당, 학교, 유치원, 도서실, 운동장 등을 공유하는 한편, 각 개인주택은 소박하였다. 로버트 오웬의 추종자들은 북미대륙으로 이주하여 이와 유사한 〈뉴 하모니New Harmony〉라는 커뮤니티를 세웠으나 오래 지속되지 못하고 몇 년 후에 소멸되었다.

스웨덴의 유명한 작가인 칼 요나스 루베 알름크비스트Carl Jonas Love Almqvist는 유토피아 사회주의자들에게서 영감을 받아 1835년에 『유니버설 호텔Universal Hotel』이라는 책을 저술하였는데 그곳에서는 가사노동을 집단적으로 해결하여 여성들이 보다 생산적인 작업에 종사할 수 있게 하였다. 그 당시 사람들은 이 아이디어가 불가능하다고 생각했지만 그는 "집집마다 각기 식사준비를 하느라고 바쁜 것처럼 더 낭비적이고 어리석은 일이 있을까? 큰 도시는 마치 수천 명의 사람을 고용한 음식공장과 같다"고 비난하였다. 알름크비스트는 집단적인 가사노동은 단지 시간을 절약할 뿐만 아니라 여성들이 자신의 남편만을 위한 가정부가 되지 않도록 해방시켜주고, 이로 인해 남성과 여성 사이의 사랑은 결혼 후에도 사라지지 않을 것이라고 주장하였다.

19세기에 들어서 유럽의 중산층 가족들은 가정부, 유모 등을 두고 살았으나 일반사람들에게는 고용인을 두는 것이 너무 비쌌다. 그리하여 한 그룹의 가족들이 센트럴키친central kitchen을 두고 공동으로 식사를 준비하여 각 가정의 아파트에서 주문받는 아이디어가 떠올랐고 이에 영감을 받아 20세기 전반에 유럽의 각 수도에는 센트럴키친의 건물이 여러 개 등장하게 되었다. 그 첫 번째 사례가 1903년 코펜하겐에 세워진 픽스 공동체Fick's Collective였고 이어서 스톡홀름, 베를린, 함브르크, 프라하, 런던, 비엔나 등지에도 이러한 공동체가 세워졌다. 스웨덴의 스톡홀름에는 1905~1907년에 걸쳐 헴고덴 센트럴키친Hemgården Central Kitchen이 세워졌다. 그곳에는 개인 부엌이 없는 60개의 아파트가 있었고, 지하실에 있는 센트럴키친과 개인 아파트는 음식이나 식사도구들을 운반할 수 있는 배식용 엘리베이터

dumb-waiter로 연결되어 있었다. 주민들은 내선 전화로 센트럴키친에서
아침, 점심, 저녁식사를 주문할 수 있었다. 헴고덴에는 주부가 출근
해야 한다든가 공동활동에 참여해야 한다는 규정은 없었고 단순히
공동 가정부를 고용한다는 개념이었다. 센트럴키친은 위탁받은 회
사에서 운영하였으나 1918년에 부도가 났고 그 후에 부엌은 공동활
동 공간으로 개조되었다. 그 이후 스웨덴에 헴고덴과 같은 공동주택
이 다시는 나타나지 않았으나 매일의 가사노동을 단순화할 수 있는
주택을 디자인하려는 아이디어는 모더니즘modernism이 나타나기까지
계속하여 중요한 사회적 이슈가 되었다.

2 스웨덴 코하우징의 발달

1930년 스톡홀름 전시회에서 출판된『악셉테라Acceptera: Accept』
라는 책에서는 미래에는 주택의 많은 부분이 집합적으로 조직될 것
이라고 예측하였다. 이 아이디어는 여성주의자이며 사회학자였던
알바 뮈르달Alva Myrdal과 건축가였던 스벤 마켈리우스Sven Markelius에 의
해 현실화되었다. 뮈르달은 1932년『티덴Tiden: Time』이라는 잡지에서
20가족이 자기 아파트에서 개별적으로 요리를 하고 아이들은 각자
작은 방안에 갇혀 사는 도시주택은 총체적인 개혁이 필요하다고 지
적하였다. 그들은 전문직 여성 클럽에서 1층에 센트럴키친과 식당

이 있고 배식용 엘리베이터가 음식을 각 아파트로 배달해줄 수 있는 새로운 주택 안을 제시하였다. 전문적인 보모들이 아이들을 돌보는 보육원도 한 건물 안에 배치되어 주부가 늦게 퇴근하는 날에도 밤까지 어린이를 안전하게 돌보아 주었고 게임과 일광욕을 할 수 있는 공간도 옥상에 배치되었다. 그러나 이 아이디어는 아동양육공간을 따로 두는 코하우징은 극단적으로는 가족해체를 가져올 것이라는 반대에 부딪치게 되었다. 모더니스트modernists 또는 기능주의자들 functionists은 사회적으로 중요한 위치를 차지하였으나 여성연합을 제외한 노동운동조직 안에서는 전혀 지지를 받지 못하였다.

마켈리우스는 스톡홀름 알빅Alvik지역에 3개의 큰 건물을 세우려고 정부로부터 공식적인 지원을 받고자 노력하였으나 결국 성공하지 못하였고, 그 대신 1935년에 개인적으로 스웨덴 최초로 소규모의 서비스 모델 코하우징을 스톡홀름의 욘 에릭손스가탄 6번지 John Ericssonsgatan 6에 설립하였다. 이 코하우징에는 54개의 작은 아파트와 센트럴키친, 배식용 엘리베이터, 작은 가게, 그리고 뮈르달의 교육적 이념에 맞는 보육원까지 있었다. 주부는 퇴근하면서 저녁반찬을 걱정할 필요 없이 엘리베이터에 붙어있는 메뉴를 보고 1층에 있는 센트럴키친에 주문하면 자기 아파트로 음식이 배달되었다. 이곳에는 공동세탁실도 있어서 주민들이 지하실의 세탁실로 세탁물을 보내면 직원들이 세탁해서 보내주었다. 욘 에릭손스가탄 6번지

의 가장 중요한 목표는 합리적인 생활방식을 통하여 가사노동을 단
순화함으로써 여성들이 보다 생산적인 직업과 공적인 부문에서 기
여할 수 있도록 자유를 주는 것이었다. 주민들은 식당에서 서로 만
날 필요가 없었고 건물을 유지하기 위하여 공동작업을 할 필요도 없
었다. 이 코하우징은 30년 정도 잘 유지되었으나 결국 1960년대에
문을 닫았다. 그 후 1950년대에 마켈리우스는 기능주의적 관점에서
개인 건설업자의 도움을 받아 300개 이상의 아파트, 공동식당, 그
외의 공유시설을 갖춘 〈해셀비 패밀리 호텔Hässälby Family Hotel〉을 스톡
홀름에 완공시킴으로써 스웨덴 코하우징의 선구자가 되었다.

　　이와 더불어 1930년대부터 1950년대에 걸쳐 스웨덴에는 몇
개의 코하우징이 더 설립되었다. 1개는 예테보리Göteborg, 또 1개는
외뢰브로Örebro, 그리고 8개는 스톡홀름에 세워졌다. 개인 건설업자
인 울레 엥크비스트Olle Engqvist는 욘 에릭손스가탄 6번지의 코하우징
아이디어에 감동을 받아 그 후 20년에 걸쳐 스톡홀름에 6개의 코하
우징을 더 세웠다. 엥크비스트는 1938년에 쿵스클리판Kungsklippan에
사무직여성 연합과 합동으로 미혼여성을 위한 스마르고덴Smargården
코하우징을 지었고 몇 년 후에는 마리베리Mariberg 코하우징을 지었
다. 마리베리 코하우징은 198개의 아파트와 리셉션, 식당, 유치원,
기타 공동시설로 구성되었으나 배식용 엘리베이터는 설치하지 않았
다. 그 대신 주민들은 일반 레스토랑에서와 같이 제복을 입은 직원

들이 서빙해 주는 고급스러운 분위기의 식당에서 식사를 하였다. 마리베리의 아파트는 2~3개의 방과 소형부엌으로 구성되어 시작 당시에는 어린이를 가진 가족들이 많이 입주하였으나 스웨덴의 전체적인 주거환경이 개선됨에 따라 어린이가 많은 가족들은 이주해 나갔고 그 대신 편모가족들이 입주하였다.

스웨덴에서 코하우징의 아이디어는 발전되어 나갔지만, 한편 정부는 전업주부가 아동양육을 직접 담당하지 않으면 결국은 어린이가 사회문제화 되리라는 의견을 내고, 코하우징은 일부 지식계층에게만 적합한 주거이므로 정부의 지원을 받을 수 없다는 결론을 내렸다. 그러나 1960년대에 들어서 어린이를 가진 기혼여성이 직업을 가지는 것이 보다 더 일반화되었고 따라서 일반 주거지역에서도 아동양육의 지원을 위하여 더 많은 보육원과 서비스가 필요하다는 정부의 중요한 결정이 이루어졌다.

이러한 과정을 거쳐 직원들이 서비스를 제공해주던 서비스 모델service model의 코하우징은 1970년대에 들어서 차츰 주민들이 직접 참여하여 운영하는 자치관리 모델self-work model의 코하우징으로 변화하게 되었다. 자치관리 모델 코하우징에서는 주민들이 자발적으로 공동식사, 주택관리와 같은 일상적인 가사노동에 참여하는 것은 물론, 아동양육까지도 분담하는 체제로 운영된다. 따라서 자치관리 모델 코하우징에서는 생활비가 절약된다는 실질적인 이점과 함께

공동활동을 수행하는 동안 주민들이 서로 친해져 사회적 관계가 촉
진된다는 사회적 이점도 있어서 극단적인 개인주의화로 인한 현대
사회의 약점을 보완하는 새롭고 안전한 주거대안으로 인정받고 있
다. 1980년대부터 90년대에 걸쳐 몇몇의 중년여성들이 모여서 가사
노동의 경감을 추구하는 자치관리 모델의 코하우징을 출발시켰다.
그 기간에 50개 정도의 코하우징 단지가 설립되었는데 대부분은 신
축 건물이었지만 몇 개는 오래된 건물을 개축한 것도 있었다.

　　　스웨덴 코하우징의 소유권은 일부 개인소유형도 있으나 대부
분은 공영임대주택이다. 현재 스웨덴에서는 임대주택형인 BiG_{Boihop:}
_{Live Together} 모델이 코하우징의 선두를 주도하고 있다. BiG는 임차자
들이 스스로 주택조합을 구성하여 지방정부 소유의 공영주택회사로
부터 단체로 주택을 임대하고 조합이 다시 개인 임차자들에게 재임
대하는 방식이다.

　　　스웨덴 국립 코하우징협회인 콜렉티브후스 누_{Kollektivhus Nu:}
_{Cohousing Now}의 공식 홈페이지인 www.kollektivhus.nu에는 2010년 말
현재 44개의 코하우징 단지가 등록되어 있다. 이 단체는 1981년에
처음 설립되었다가 2005년에 개정되었는데 일반인들에게 코하우
징을 비롯한 다른 대안주거를 홍보하고 활성화를 촉진하는 일을 하
고 있다. 이 협회는 기존의 코하우징은 물론, 새로이 코하우징을 설
립하려는 그룹도 지원하고 정부당국에게 코하우징의 설립과 운영에

긍정적 영향을 촉구하기 위하여 활동한다. 스웨덴에 44개 이상의 코
하우징 단지가 현존하는 것은 시민단체의 캠페인과 공영주택당국의
긍정적인 반응의 결과이다.

그림 1-16
40대 이상의 노후세대를 위한 스웨덴
최초의 공영임대 시니어 코하우징 패르
드크내팬(스웨덴 스톡홀름).

그림 1-17
다양한 연령층의 주민들이 어울려 사는
플레스터바케 코하우징(스웨덴 스톡홀름).

3 덴마크 코하우징의 발달

전 세계적으로 보급된 현대적 코하우징은 덴마크 코하우징의 영향을 많이 받았다. 덴마크의 자치관리 모델 코하우징은 1964년 겨울에 건축가 얀 굿맨 회이어Jan Gudman Høyer가 동료들과 함께 지원적인 생활환경을 갖춘 새로운 주거대안을 의논하기 시작한 데에서 비롯되었다. 그들은 일 년 후에 코펜하겐 근교에 대지를 마련하고 커먼하우스와 수영장을 중심으로 12채의 테라스 하우스로 구성된 주택단지를 계획하였다. 이 프로젝트는 지방정부가 지원하였음에도 불구하고 기존 지역사회의 반대에 부딪쳐 결국 무산되고 말았다.

그 후에도 회이어는 자신의 아이디어와 주택단지에 대한 내용을 묘사하는 「유토피아와 현대 단독주택 사이의 괴리」라는 제목의 기사를 신문에 연재하였다. 1968년 신문에 이 기사가 보도되었을 때, 공동체 생활에 관심 있는 100가족으로부터 긍정적인 반응을 얻었다. 동시에 이와 유사한 아이디어로 1967년 "아이들은 100명의 부모를 가져야 한다"라는 글을 발표한 보딜 그래Bodil Graae의 기사를 읽고 50가족이 코하우징에 대한 관심을 표명하였다. 이 그룹들이 힘을 합하여 1968년에 코펜하겐 교외인 욘스투룹Jonstrup과 힐레뢰드Hilerød에 2개의 부지를 구하고 5년 후인 1973년 말에 새트담멘Sættedammen과 스크라플라넷Skraplanet의 두 코하우징 단지를 완공시켰다.

1968년 초에 회이어는 다른 그룹과 함께 좀 더 총체적인 코하우징인 화룸 프로젝트Farum Project를 개발하였다. 이 코하우징은 일반가족과 1인 가구들을 위한 집합주택이 커먼하우스를 중심으로 배치되도록 디자인하였고 커먼하우스 안에는 학교까지 두었다. 그리고 모든 개인주택과 커먼하우스를 연결하는 보행자 도로는 유리지붕으로 덮었다. 1970년에 개최된 주택전시회에서 이 계획안은 많은 공영주택회사들의 관심을 모았다.

한편 1971년 덴마크 국립건축연구소SBI: Danish Building Research Institute에서는 저층 집합주택에 대한 현상설계 대회를 개최하였는데 모든 당선작들은 디자인 단계에서 주민들이 참여하는 공동생활시설을 강조하였고 이것이 일반인들에게도 널리 알려져 주택논쟁에 중요한 영향을 미쳤다. 이로부터 5년 후에 현상설계에서 당선한 반드쿤스텐Vandkunsten회사의 설계, 국립건축연구소의 지원 그리고 공영주택회사의 참여에 의해 덴마크 최초의 공영임대 코하우징 단지인 팅고든Tinggården이 완공되었다. 이에 뒤이어 1982년까지 덴마크에는 22개의 개인소유의 코하우징 단지가 더 건설되었다.

그러나 완공된 코하우징 단지에서 재정적인 난관에 봉착하자 1978년에 계획단계의 주민그룹을 지원하기 위하여 회이어와 다른 전문가집단에서는 〈삼부SAMBO〉(함께 살기라는 의미)라는 지원단체를 만들었다. 이 단체는 1981년 「협동주택 조합법Cooperative Housing Association

Law」을 제정하는 징검다리가 되어 코하우징의 건설을 보다 용이하게 하고 재정적인 비용도 줄여주는 데 기여하였다. 그 이후 10개의 공영 임대 주택단지를 포함한 대부분의 덴마크 코하우징 단지는 모두 협동주택 융자금을 받아 건설되었다. 특히 코하우징은 공사가 완공되기 이전에 미리 매매되기 때문에 은행의 지원은 매우 중요하다.

이제 코하우징의 이념은 덴마크 사회에 전체적으로 확산되어 건설업자들은 코하우징 디자인의 컨셉을 통일하였고 이 컨셉은 코하우징 단지에서 뿐만 아니라 새로 개발되는 대규모 주거단지의 마스터플랜에도 모두 적용된다.

회이어가 협동생활에 대한 그의 아이디어를 논의하기 시작한 것이 거의 40년이나 지난 현재, 코하우징의 개념도 많이 진보되었다. 새로 짓는 코하우징에서는 개인주택의 크기는 감소한 반면, 커먼하우스의 비율과 중요성이 증가하여 개인주택의 평균규모가 초기 코하우징의 거의 절반까지로 줄어들었다. 주민들은 이웃과 가까워지기 위하여 개인주택을 인접하여 짓기를 선호하는데 특히 최근에 지어진 코하우징에서 한 지붕 아래에 개인주택과 커먼하우스를 함께 두는 사례가 그 증거이다. 개인주택은 여러 가지 유형을 복합하였고 처음과 달리 주민과 가족유형도 크게 다양화 되었다. 코하우징에 살려면 비용이 비싸서 보통사람들은 접근할 수 없다는 종전의 비판은 이제 덴마크에서는 더 이상 통용되지 않는다. 사람들이 현존하는 코하우징 단지에서 그 장점을 배우고 인식하였기 때문에 주민들이 서로 더 가깝게 살려는 의지는 더욱 강해지고 있다.

　　덴마크에서는 코하우징이 은퇴를 앞두거나 이미 은퇴한 노후세대의 관심을 끌어서 1986년에 비영리 국영단체인 덴마크 노인협회 앨드르 사엔Ældre Sagen: 'Dane Age'이 발족되었다. 이 단체는 다양한 형태의 일반 노인주택과 시니어 코하우징의 개발을 촉진한다. 덴마크 노인협회에는 2014년 현재 60만 명의 회원이 가입해 있고 전국적으로 200개의 지부가 있어서 중앙정부와 지방정부의 정책결정에 큰 영향력을 미치는 단체로 성장하였다. 2010년 현재 덴마크에는 350개의 시니어 코하우징과 140개의 연령통합형 코하우징이 있다.

그림 1-18
덴마크 쾨에 지방정부와
함께 개발한
덴마크 최초의
공영임대 코하우징
팅고든.

4 노르웨이 코하우징의 발달

노르웨이는 피요르와 깊은 산맥으로 분리된 독특한 지리적 조건 때문에 주민들이 산간 지역에 여기저기 흩어져 살면서 고립된 커뮤니티를 구성하는 경우가 많다. 2012년까지도 노르웨이에서 코하우징의 개발은 드물었고 국가적, 지방적 차원에서도 코하우징협회와 같은 조직은 없었다.

1991년에 도시와 지역 연구소NIBR의 연구원인 리느 슈미트Lene Schmidt는 「약간의 예외를 가진 새로운 주택」이라는 연구보고서를 발표하였으며, 23개의 '부펠레스캅bofellesskap'(함께 모여 사는 주택이라는 의미)에 대해 언급하고 그중 9개 단지에 대해 자세하게 묘사하였다. 그 단지들은 3개부터 100개까지의 아파트로 구성되고 1970년부터 80년 사이에 건설된 것이었다. 그러나 10년 후에 그녀는 9개 단지 중 몇 개는 이미 코하우징으로 작동하지 않는 것을 발견하였다.

2012년 12월에 노르웨이의 국립코하우징협회의 창립을 위한 세미나가 오슬로의 한 코하우징에서 열렸는데 이 조직에서 수집한 현재의 상황은 슈미트의 보고와는 달랐다. 즉, 현재 3개의 코하우징 단지가 노르웨이에 있는 것으로 알려졌고 하나는 트론하임에 있는데 1972년 오래된 건물에서 사람들이 서로 알게 된 때부터 시작된 것이었다. 나머지 두 개는 오슬로에 있고 1976년과 1987년에 세워

진 것이었다. 그 코하우징들은 모두 독립된 아파트와 공유공간이 있
었고 공동취사와 공동식사를 하였다. 이처럼 슈미트의 보고와 현재
의 상황이 다른 것은 아마도 노르웨이의 용어 사용 때문일 수도 있
다. 노르웨이에서는 '집합주택bokollektiv', '함께 모여 사는 주택bofelless-
kap', 그리고 '콜렉티브후스kollektivhus'라는 용어를 모두 사용하기 때문
에 코하우징을 지칭하는 데 혼동이 올 수 있다. 슈미트가 언급한 코
하우징은 시골이나 교외지역에 위치하고 규모가 매우 작으며 몇 명
의 그룹이 함께 짓고 운영한다. 위에 언급한 3개의 단지는 도심에
위치하고 아파트 블록과 공동식사를 위한 공간과 기타 공유공간이
있다는 특징을 가지고 있어서 스웨덴의 콜렉티브후스와 보다 유사
하다고 할 수 있다.

　　노르웨이의 코하우징을 덴마크나 스웨덴의 경우와 비교하면,
노르웨이에는 연령통합형 코하우징이 상대적으로 적고, 보다 소규
모이며 모든 시설을 갖춘 개인아파트에 커먼하우스 하나가 결합된
형태임을 알 수 있다. 코하우징의 아이디어는 주민 스스로 주체가
되어 설립하는 주민주도형 코하우징보다는 지방당국에 의해 개발되
는 지방정부주도형으로 노인복지를 위한 주택분야에서 많이 채용된
다. 여유로운 자원을 가진 몇몇 가구들이 모여서 설립한 개인소유의
캠프힐 빌리지Camp Hill Villages는 공동체 정신이 강하고 아직도 활발하
게 기능하는 노르웨이 코하우징의 특별한 사례이다.

이상의 여러 가지 자료를 종합해 보면 확실하게 코하우징이라는 용어를 붙이기는 애매하지만 노르웨이에도 코하우징에 대한 관심이 있다는 것을 알 수 있다. 그러나 노르웨이에서는 도심지역에 코하우징을 개발하는 것은 더욱 어려운데 그것은 조합을 구성하여 주민들이 저렴한 가격으로 임대할 수 있는 공영임대주택이 거의 없기 때문이다. 그러므로 주로 개인소유로 코하우징을 개발하는 노르웨이는 여러 가지 면에서 덴마크나 스웨덴의 경우와는 상반된다고 할 수 있다.

5 북미 대륙 코하우징의 발달

북미 대륙의 코하우징은 1980년대에 덴마크의 코하우징에서 영향을 받은 미국의 건축가 캐드린 매카멘트Kathryn McCamant와 챨스 듀렛Charles Durrett이 그들의 책『코하우징, 우리를 위한 주거의 새로운 접근Cohousing, a Contemporary Approach to Housing Ourselves』을 출판하면서 미국에 알려졌다.

북미 대륙에서는 스칸디나비아 국가들과 달리 정부에서 지원하는 공영임대주택보다는 개인 또는 조합소유의 코하우징이 주류를 이루며 단지구성, 주민교육, 건물디자인, 분양 등, 코하우징의 설립을 전문적으로 컨설팅해주는 컨설턴트와 코디네이터가 있다. 2015년 현재 미국에는 145개의 코하우징 단지가 완성되어 운영되고 있고 최근 100개 이상의 새로운 공동체가 개발단계에 있다. 이 중에는 시니어 코하우징이 12개 포함되어 있고 새로운 12개의 시니어 코하우징이 개발단계에 있다.

미국의 코하우징 네트워크 홈페이지(http://www.cohousing.org)에는 미국의 코하우징 형성, 건설, 분양, 입주, 집 찾기, 생활 등에 대한 다양한 정보를 수록하고 해마다 전국적인 코하우징 학회를 열어 코하우징 입주자는 물론 코하우징에 관심을 가진 사람들 또는 코하우징의 입주를 고려하는 사람들에게 다양한 정보를 제공하고 공유한다.

인접한 미국의 영향을 많이 받아 코하우징 공동체를 구성한 캐나다의 경우에도 미국과 유사하게 코하우징의 건설을 맡아서 도와주는 코하우징 컨설턴트가 있다. 캐나다 코하우징협회 홈페이지(http://cohousing.ca)에 의하면 2015년 현재 캐나다 전역에 10개의 코하우징이 완성되어 운영되고 있고 8개가 형성 중이고 7개가 건설 중이다. 이 중에는 시니어 코하우징도 포함되어 있다.

1-19

1-20

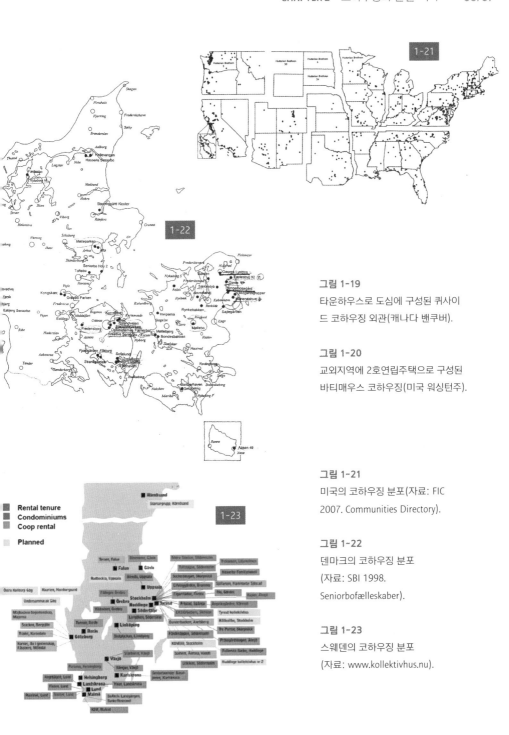

그림 1-19
타운하우스로 도심에 구성된 퀴사이드 코하우징 외관(캐나다 밴쿠버).

그림 1-20
교외지역에 2호연립주택으로 구성된 바티매우스 코하우징(미국 워싱턴주).

그림 1-21
미국의 코하우징 분포(자료: FIC 2007. Communities Directory).

그림 1-22
덴마크의 코하우징 분포
(자료: SBI 1998. Seniorbofælleskaber).

그림 1-23
스웨덴의 코하우징 분포
(자료: www.kollektivhus.nu).

3 코하우징의 종류
Types of Cohousing

코하우징의 종류는 운영방식, 주민의 입주연령, 소유권의 세 가지 관점에서 분류할 수 있다.

- ▲ 운영방식에 따른 분류 – 서비스 모델/자치관리 모델
- ▲ 주민의 입주연령에 따른 분류 – 연령통합형/연령분리형 (또는 시니어 코하우징)
- ▲ 소유권 형태에 따른 분류 – 개인소유형(분양형)/ 공영임대형/조합소유형

1 운영방식에 따른 분류-서비스 모델과 자치관리 모델

고전적 의미의 코하우징은 서비스 모델로서 1930년대 스웨덴에서 기능주의자들과 여성운동자들에 의해서 시작되었다. 그들은 유급노동시장에서 일하는 기혼여성들이 직장에서 돌아온 후에도 가정 내에서 수행해야하는 가사노동과 육아의 부담에서 벗어나 남성과 같이 휴식할 수 있는 환경을 제공해 줌으로써 여성들도 남성들과 동등하게 노동력을 사회에 환원시킬 수 있다는 양성평등의 이념을 가지고 있었다. 주민들은 공동으로 유급직원을 두고 취사, 집안청소, 정원관리, 세탁 등의 일상적인 가사노동은 물론, 육아에 이르기까지 모든 서비스를 제공받았다. 이러한 서비스 모델 코하우징은 여러 가지 사회적 변화과정을 거쳐 1970년대 덴마크를 효시로 현대적인 자치관리 모델 코하우징으로 변화되었다.

자치관리 모델 코하우징은 유급직원을 두는 대신 주민들이 자발적으로 공동활동에 참여하여 가사노동을 분담함으로써 실질적으로는 생활비를 절약하고, 한편으로는 주민 간에 서로 잘 알고 지냄으로써 정서적 지원을 얻으며 남는 시간을 개인생활의 질적 향상을 도모하는 데 사용함을 목적으로 하고 있다. 현재 세계 각국에는 자국의 실정에 맞는 코하우징이 개발되어 특히, 스칸디나비아, 네덜란드, 호주, 미국, 캐나다 등지에 많은 주택단지가 설립되었다.

그림 1-24
남성들도 조리작업에 참여하여 양성평등을 실현하는 자치관리 모델의 코하우징
(스웨덴 예테보리 마이박켄 코하우징).

2 주민의 입주연령에 의한 분류
-연령통합형 코하우징과 연령분리형 시니어 코하우징

코하우징은 원래 어린이로부터 노인에 이르는 다양한 연령
층의 주민들로 이루어져 1인 가구에게는 가족구성원이 있는 가정의
느낌을, 어린아이들에게는 대가족 제도 하에서 사는 듯한 장점을 주
는 것이 설립목적 중의 하나이다. 그러므로 코하우징에는 입주연령
의 제한이 없다. 이를 연령통합형 코하우징이라고 하고 대부분의 코

하우징은 여기에 속한다.

그러나 1990년대 이후에 덴마크와 스웨덴에서 처음 시작된 시니어 코하우징은 주민의 입주연령을 일정 나이로 제한하는 유형으로 이웃들과 함께 자기가 살던 곳에서 나이들며 살기$_{agin-in \ place}$를 희망하는 중장년 층 몇몇에 의해서 시작되었다. 시니어 코하우징의 건물유형은 연령통합형의 코하우징과 마찬가지이지만 한편으로는 노인주택에 속하기 때문에 고령자를 위한 유니버설 디자인이 반드시 계획에 포함된다.

시니어 코하우징의 입주연령은 국가마다 약간의 차이는 있으나 일반적으로 부부 중 한명이 55세 이상이면서 자녀와 동거하지 않는 부부나 독신 노인을 대상으로 한다. 따라서 일명 '+55 코하우징'이라고도 한다. 이 연령은 덴마크와 스웨덴에서 코하우징을 건설할 때 노인주택 지원금을 받을 수 있는 최소연령에 맞춘 것으로, 네델란드의 경우에는 50세 이상이다.

2000년대 이후에 스웨덴에서는 점차적으로 시니어 코하우징의 입주연령을 55세 에서 40세 이상으로 낮추어 가는 경향이 등장하였고 이름도 '시니어 코하우징'이라는 용어 대신에 '+40 코하우징'으로 부르는 추세이다. +40 코하우징은 아직 스웨덴만의 독특한 현상으로 시니어 코하우징의 입주연령을 55세에서 40세로 낮추려는 이유는 다음과 같다. 1990년대에 처음으로 시니어 코하우징

이 설립된 이후 20여 년이 경과하면서 설립 당시에 입주한 주민들
도 20여 년씩 함께 고령화됨으로써 공동체 전체가 활력이 줄어들었
을 뿐만 아니라 은퇴 이후에 외부 사회와의 연관성이 약화되어 사회
적으로 고립되기 쉬운 문제점에 봉착하게 되었다. 이에 대한 대안으
로 입주연령을 자녀와 동거하지 않는 40세 이상으로 낮춤으로써 아
직 직장에서 일하고 있는 연령대의 주민들을 코하우징으로 영입하
여 그들을 통하여 외부 사회와의 보다 지속적인 연결을 도모하고 신
선한 분위기를 가져오는 대신, 은퇴 후의 고령층은 여유시간이나 유
휴인력을 활용하여 공동체 유지나 공동활동 참여에 더 많은 시간을
투여함으로써 젊은 층의 가사노동시간 절약에 도움을 주는 상호보
완적인 장점을 활용하려는 취지이다.

3 소유권 형태에 따른 종류

코하우징을 소유권 형태로 보면 공영임대, 조합소유, 개인소
유(분양형)가 있다.

공영임대는 덴마크나 스웨덴과 같이 주거복지가 발달된 국가
에서 쉽게 찾아볼 수 있고 주로 지방정부가 관여하여 공영임대주택
으로 코하우징을 설립해준다. 주민들은 저렴한 가격으로 주택을 임
대하여 장기간 안정적으로 코하우징 공동체를 유지할 수 있다. 최근

스웨덴의 경우를 보면 임차자들이 주택조합을 구성하여 조합이 공영주택회사와 임대계약을 맺고 아파트 블록 전체를 빌려서 희망하는 주민들에게 재임대하는 방식인 BiG 유형이 주류를 이루고 있다.

조합소유는 코하우징 조합이 건물을 소유하고 회원들에게 임대하는 방식이다. 조합소유 방식은 코하우징의 주택과 공유면적이 개인재산화 됨으로써 개인의 권리행사가 강화되어 오히려 공동체 운영에 어려움을 주는 단점을 보완하기 위한 것이다. 개인소유는 주택시장이 시장경제 체제를 기반으로 하는 북미지역에서 일반적이고 스칸디나비아에서는 덴마크와 스웨덴과는 다른 배경을 가지고 있는 노르웨이에서 일반적이다.

이상과 같이 코하우징의 종류를 검토해 보면 현대의 코하우징은 모두 자치관리모델이고, 코하우징의 주민들은 이웃 간의 사회적, 경제적 지원을 도모하는 코하우징 또는 계획공동체intentional community의 이념에 동의하여 입주하였으므로 소유권의 형태는 실제로 코하우징의 생활에 큰 영향을 미치지 않는다. 단지 국가적인 법규의 차이 때문에 시장경제에 기반을 둔 북미 국가에서는 개인소유(분양형)가 많은 반면, 복지국가인 북유럽 국가에서는 공영임대 또는 조합소유가 많다는 차이가 있을 뿐이다.

그러므로 코하우징의 생활에 있어서 가장 중요한 영향을 미

치는 요인은 주민의 입주연령에 따른 종류이다. 어린이와 노인에 이
르기까지 모든 연령층이 함께 생활하는 연령통합형 코하우징과 동
거하는 자녀가 없는 55세(스웨덴의 경우 40세) 이상의 노후세대만
거주하는 시니어 코하우징 사이에는 주민들의 요구가 확실히 다르
고 그러한 요구가 공동활동의 프로그램과 커먼하우스의 용도, 디자
인에 중요한 영향을 미치기 때문이다.

그림 1-25
덴마크 오덴세의 시니어 코하우징의 주민들(크레아티브 시니어보).

1-26

1-27

그림 1-26 스웨덴 말뫼의 연령통합형 코하우징 주민들(소피룬즈 코하우징).

그림 1-27 스웨덴 룬드 지방정부와 협동으로 공영임대주택으로 설립된 루시넷 +40 코하우징.

그림 1-28
덴마크 오덴세 지방정부와 협동으로 공영임대주택으로 설립된 크레아티브 시니어보 코하우징.

Composition of
Cohousing Projects

Part 2

코하우징의 구성

우리 코하우징에는 43개의 아파트가 있다. 아파트는 37~75 제곱미터의 규모로 1, 2, 3실형이 있고 부엌시설이 갖추어져 있으며 약 400제곱미터의 공동생활공간이 추가된다. 대부분의 공동생활공간은 1 층에 배치되고 다양한 요구에 대응할 수 있도록 융통성 있는 설계로 구성되어 있다. TV와 컴퓨터가 있는 독서실, 컴퓨터전용실, 직조실, 세탁실, 공동식당과 부엌, 목공실 등이 갖추어져 있고 나무와 화초를 가꾸는 정원은 공동식당에서 곧장 나갈 수 있다. 제일 위 층에는 벽난로가 있는 다목적실이 있고 여기에서 곧장 밖으로 옥상정원과 연결된다. 지하실에는 자전거 주차장, 유리, 가구, 종이, 플라스틱, 전기용품, 목재 등을 분리수거하는 재활용품 수집장도 있다. 지하실에는 개인창고와 공동 음식물보관창고, 오락실, 운동실, 그리고 사우나실이 설치되어 있다. 그 외에 작은 손님방도 3개나 있어서 타 지역에서 오는 손님들이 저렴한 비용으로 머물 수 있다. 다시 말하면, 우리 코하우징에서는 모든 입주자들이 평균규모의 아파트에 살면서 추가로 약 400제곱미터 정도의 공동생활시설을 함께 사용할 수 있다. 공동생활시설은 각자의 아파트의 일부이고 거리에서 패르드크내펜으로 들어오는 주출입구가 된다. 우리는 모두 이 문안에 들어서면 자기 집에 온 것처럼 안도감을 느끼고 공동생활시설을 자기 집의 일부로 여긴다(스웨덴 스톡홀름 패르드크내팬 코하우징 홈페이지: www.fardknappen.se에서 인용).

1 대지 계획
Site Plan

　　코하우징의 물리적 환경 디자인은 주민들이 공동으로 사용하는 공동생활공간을 단지의 중심에 배치하고 그 점유비율을 크게 하며 개인주택은 최소한의 필요공간만을 확보하도록 축소시켜 계획함으로써 주민 간에 공동체 의식을 강화하고 자발적인 공동활동 참여를 촉진시키는 것을 기본 이념으로 하고 있다. 코하우징의 대지계획 site plan은 보행자 도로를 중심으로 주택을 마주보게 배치함으로써 이웃을 중요시하는 디자인을 많이 사용한다. 코하우징의 디자인은 코하우징의 유형이나 지역을 막론하고 모두 비슷한데 이는 코하우징이 기본적인 이념에 맞추어 설립된 계획공동체intentional community이므로 그 이념을 충족시킬 수 있는 독특한 디자인을 하기 때문이다. 즉, 대부분의 코하우징 공동체는 간단한 부엌과 욕실이 딸린 몇 개의 작은 개인주택private dwelling, 여유 있는 규모로 된 1~2개의 커먼하우스 common house와 기타 공유 공간shared space으로 구성된다.

코하우징의 이념에 맞는 건물을 짓기 위해서는 건물을 새로 지어야 하지만 건물을 신축하는 것은 비용이 많이 들기 때문에 기존 건물을 개축하여 사용하는 경우도 많다. 예를 들면, 미국의 캘리포니아에 위치한 엔 스트리트N Street 코하우징의 경우에는 한 마을에 인접해 있는 기존의 13채의 단독주택을 그대로 이용하여 담을 헐어 상호 접근성을 확보하고 한 집의 후면을 개조하여 커먼하우스로 이용하면서 시작된 코하우징이다. 스웨덴 스톡홀름의 속켄스투간Socken-stugan은 1950년대에 건축된 2동의 아파트를 개조하고 아파트 사이에 커먼하우스만 신축하여 코하우징으로 만들었으며, 스웨덴 활룬Falun의 테르센Tersen은 지방정부에서 너싱홈을 폐쇄할 때 이를 조합으로 인수받아 개축한 코하우징이다.

코하우징 대지의 크기는 관리적인 입장에서만 적정 규모나 적정 주택 수를 맞추기는 어렵다. 그 이유는 건물의 유지관리와 관련된 경제적 관점이 반드시 주민의 관점과 일치하지는 않기 때문이다. 즉, 관리의 입장에서는 단지규모가 큰 것이 경제적으로 유리하지만 주민의 입장에서는 규모가 작을수록 친밀감이 증가하여 더 좋다. 경험에 의하면 코하우징의 주택 수는 15~49채 등 다양하지만 80명이 함께 사는 것은 너무 많고 6명이 함께 사는 것은 공동생활을 수행하기에 너무 적다는 것이 관련연구를 통하여 판명되었다. 따라서 주거단지의 규모에 대해서는 다양한 의견이 있을 수 있으나 그룹의 아이덴티티identity를 위해서는 보다 작은 그룹, 즉 20~30개의 주택에 40~50명 정도의 주민이 적정하다고 주장한다. 통계자료에 의하면 덴마크 코하우징 단지의 경우, 주민 수는 12~46명, 주택 수는 5~44개로 대부분 소규모이다. 개인주택의 수는 덴마크의 경우 평균 17개 정도, 스웨덴의 경우 평균 41개 정도라서 스웨덴이 덴마크에 비하여 약 두 배 이상 규모가 크다. 그리고 각 주택 당 1~2인의 주민이 거주한다고 가정한다면, 덴마크에 비하여 비교적 대규모라고 할 수 있는 스웨덴의 경우에도 단지별 최대 60명 이하의 주민으로 구성되는 소규모 단지라는 것을 알 수 있다. 대부분의 미국의 코하우징 단지는 20~40개의 주택으로 구성되고 최소 7개부터 최대 67개의 주택이 있어 약 100여명의 주민이 살고 있다.

코하우징에서는 물질주의적 사고방식과 소유에 대한 이념을 덜 강조하는 경우가 많다. 건물을 서로 밀접하게 배치하고 공동텃밭을 가꾸는 점 등은 통상적인 주거단지에서 개별적인 정원과 주차장을 두고 프라이버시를 확보하기 위하여 이웃 간에 서로 얼굴을 마주치지 않도록 계획하는 것과는 대조적이다. 코하우징에서는 일반적으로 개인주택에서 먼 입구에 주차장을 모아서 배치하고 때로는 단지 내에서는 자동차를 전혀 사용하지 않는 공동체도 있다.

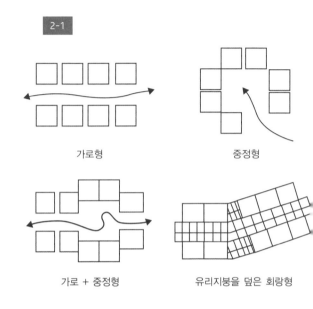

2-1

가로형

중정형

가로 + 중정형

유리지붕을 덮은 회랑형

그림 2-1
주민의 사회적 접촉을 촉진하는
코하우징의 다양한 단지 계획의 예
(자료: McCamant & Durrett,1994).

그림 2-2
1950년대에 지어진 아파트를 개조
하여 설립한 속켄스투간 코하우징
(스웨덴 스톡홀름).

그림 2-3
마당 한가운데 만남의 공간을
두어 이웃 간의 사회적 접촉을
증가시키는 단지 구성
(스웨덴 룬드 루시넷 코하우징).

그림 2-4
추운 겨울에도 주민활동을 적극적으
로 유도하기 위해 유리지붕으로 보행
자도로를 덮어 디자인한 코하우징(캐
나다 랭리 윈드송 코하우징).

2-2

2-3

2-4

2 커먼하우스의 디자인
Design of Common House

코하우징의 디자인에 있어서 커먼하우스는 이웃 간에 공동활동과 공동식사를 함께 할 수 있는 핵심적인 요소이다. 대부분의 코하우징의 경우에 총 면적의 15~20퍼센트가 커먼하우스로 할애된다. 커먼하우스의 디자인은 코하우징의 이념이 잘 반영될 수 있도록 가능하면 사람들이 함께 하면서togetherness 사회적 접촉을 증가시킬 수 있게 계획하는 것이 중요하다.

커먼하우스에는 공동거실, 공동부엌, 식당, 어린이놀이방, 오락실, 취미실, 세탁실, 손님방, 작업실 등의 다양한 시설들을 배치하여 주민 간의 사회적 관계를 촉진하고 개인주택 안에서는 보다 단순한 생활만 할 수 있도록 지원한다. 개인주택에도 물론 시설이 잘 갖추어진 부엌을 계획하지만 공동식당에서 주민들이 스스로 조리한 저녁식사를 함께 할 수 있으므로 커먼하우스에서 공동부엌과 식당의 중요도는 공동체 의식 함양측면에서 매우 높다. 공동세탁실과 손님방은 제한된 개인주택의 공간을 절약하는 데 효과적이고, 거실 겸 회의실은 주민 간의 상호교류와 공동활동을 지원하는 데 필요한 공간이다. 특히, 손님방은 분가해서 사는 자녀들이나 손자녀 또는 친지가 방문했을 때 실비의 가격을 지불하고 자고 갈 수 있는 공간을 제공하므로, 소규모로 개인주택을 계획하는 코하우징에서는 매우 요긴하다.

코하우징에서 커먼하우스의 위치는 주민의 공동활동 참여도를 최대화 하도록 단지 중심이나 단지 입구에 배치하는 것이 일반적이다. 즉, 커먼하우스를 단지의 중심에 두고 그 주변을 둘러싸고 단독주택이나 연립주택 유형의 개인주택을 배치함으로써 모든 주택으로부터 공평한 접근성을 가지도록 하는 경우가 많다. 만일 코하우징이 5층 이하의 중·저층 아파트인 경우에는 1층 입구의 한 아파트를 커먼하우스로 계획하면 누구나 자기 집에 드나들면서 쉽게 들러볼 수 있어서 흥미로운 활동이 이루어지면 특별한 계획 없이도 참여할 수 있다. 그러나 5층 이상의 고층 아파트의 경우에는 커먼하우스를 1층 입구에 두는 것보다는 중간층에 계획하여 저층이나 고층에 사는 주민 모두에게 공평한 접근성을 주는 것이 좋다. 후자의 방법은 특히 고층 아파트가 많은 우리나라의 경우에도 유용하게 적용될 수 있을 것이다.

커먼하우스의 규모는 공동체마다 차이가 큰데 이것은 주민들이 희망하는 공동활동의 종류, 참여도와 관계가 있기 때문이다. 즉 공동활동의 종류가 많을수록 커먼하우스의 이용 빈도가 높아지고 이는 곧 커먼하우스의 크기에 직접적인 영향을 미친다. 코하우징에서의 생활은 주민 상호간에 비슷한 기대 수준과 비슷한 공동생활 참여가 없을 때에는 원활한 공동체를 이루기가 어렵다. 그러므로 공동활동의 종류와 빈도나 커먼하우스의 크기 등은 주민들의 기대 수준에 부합되게 공동체마다 적절히 융통성을 가지는 것이 중요하다. 또한 주민의 속성이 변화해 감에 따라서 커먼하우스의 용도나 물리적 디자인의 변경이 큰 어려움 없이 가능하도록 초기 단계에서부터 융통성 있는 디자인flexible design을 할 필요가 있다. 특히 접근성을 최대화하는 유니버설 디자인universal design 설계는 초기단계부터 이루어져야 한다.

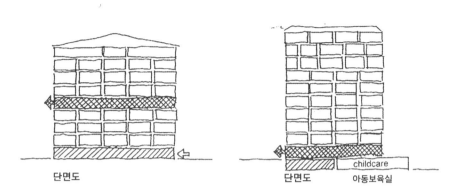

그림 2-5

아파트에서 커먼하우스 위치의 예(왼쪽-스탁켄. 오른쪽-트래뎃, 자료: Dorit Fromm, 1991).

그림 2-6 커먼하우스의 외관 디자인(덴마크 쾨에 팅고든 코하우징).

그림 2-7
공동공간에 어린이 놀이방이 갖추어진 코하우징(캐나다 랭리 윈드송 코하우징).

그림 2-8
작업공구가 잘 갖춰진 공동작업실(스웨덴 룬드 루시넷 코하우징).

3 개인주택의 유형과 디자인
Private Dwelling Types and Design

코하우징의 개인주택private dwelling은 주민들이 서로 잘 알고 사
회적 접촉을 촉진하기 위해서는 단독주택보다는 저층의 연립주택이
나 클러스터cluster 형태로 계획하는 것이 도움이 된다. 이러한 주택유
형은 또한 대지의 효율성을 높이는 데에도 유리하다. 개인주택 유형
은 단독주택, 연립주택, 저층 아파트 등으로 다양한데 덴마크나 미
국, 캐나다의 경우에는 단독주택 또는 1~2층의 연립주택 유형이 많
은 반면, 스웨덴의 경우에는 4~5층 정도의 저층 아파트 유형이 많
고 간혹 5층 이상의 고층 아파트도 있다. 전반적으로 단독주택 유형
에 비하여 중·저층의 집합주택 유형이 많은 것은 중·저층의 집합주
택이 단층 단독주택보다 대지의 효율성을 높일 수 있을 뿐만 아니
라, 고밀도의 고층아파트 유형보다는 주민들 사이에 서로 얼굴을 모

르고 지낼 가능성이 적기 때문이다. 그러나 대지의 효율성을 좀 더
높이고자 하는 지역에서는 5층 이상의 중·고층 아파트로 개인주택
을 계획하는 경우도 있는데 이것은 덴마크보다 스웨덴에서 더 일반
적이다.

　　개인주택의 평면은 방 2~3개에 부엌이 있는 유형이 일반적
인데 그 중, 2R＋K(거실＋침실＋부엌) 유형이 가장 많다. 그러나
방은 최대 4개까지이고 그 보다 큰 평면은 드물다. 개인주택을 소규
모로 계획하는 이유는 코하우징에서 개인주택은 최소한의 프라이
버시privacy를 보장하는 규모로 하고 나머지를 커먼하우스의 공간으
로 할애하려는 디자인 기준 때문이다. 가구당 주택면적은 최저 30제
곱미터부터 최대 114제곱미터까지로 범위가 넓은데 이는 가족 수와
소유형태에 따라 영향을 받는다. 공영임대주택의 경우에 주택보조
금을 받기 위해서는 1인 가구용 주택은 65제곱미터를 초과하지 못
한다는 규정에 제한을 받으나 개인소유의 경우에는 이러한 제한이
없으므로 일반적으로 공영임대보다는 개인소유 코하우징의 면적이
더 넓은 경향이다.

그림 2-9 중층아파트로 구성된 트레칸텐 코하우징(스웨덴 스톡홀름)과 2층 연립주택으로 구성된 윈슬로 코하우징(미국 워싱턴주).

그림 2-10
마주보게 배치하여 자연스럽게 이웃과의 만남을 유도하는 개인주택 앞마당
(미국 워싱턴주 바티매우스 코하우징).

그림 2-11
콤팩트한 패르드크내팬 코하우징의 개인주택 내부(스웨덴 스톡홀름).

Life in Cohousing
Community

Part 3

코하우징
공동체의 생활

코하우징에서는 주민들이 함께 조리하고 식사하는 공동취사와 공동식사가 "코하우징의 꽃"이라고 부를 만큼 중요하게 인식되고 있다. 코하우징에서의 공동식사는 경제적이면서도 시간이 절약되기 때문에 대부분의 사람들에게는 절대적인 이익으로 생각된다. 매일같이 무엇을 사서 어떤 음식을 만들어 먹을까를 생각하는 일, 먹고 난 후 하기 싫은 설거지로부터 해방된다는 것은 일상생활에서 확실히 안도감을 주는 일이다. 그리고 조리당번이라 하더라도 여럿이 작업을 분담하고 부엌에는 대량취사를 위한 편리한 시설이 갖추어져 있기 때문에 취사작업이 그다지 큰 문제가 되지 않으며 일반적으로 음식의 질은 만족스럽고 다양하다. 식사를 하면서 다른 사람들과 함께 이야기하고 아이들을 돌볼 수 있으며 필요한 물건을 서로 빌리고 함께 할 일을 의논하는 기회도 줄 수 있어서 공동식사는 매우 중요한 사교활동도 된다.

1 공동생활 프로그램
Program of Shared Activity

코하우징 내에서의 공동활동 프로그램의 종류와 빈도는 코하우징의 설립목적, 주민의 종류(연령), 주민의 수에 따라 크게 달라진다. 주민들의 소망과 이것을 실현하기 위한 다양한 가능성, 경제적, 물리적 조건, 공동활동 참여도와도 관련이 있다. 주민들이 얼마나 서로 잘 알고 있는가, 공동체 내에서 함께 살려고 하는 의지가 얼마나 강한가에 의해서도 영향을 받는다. 또한 옥외와 실내에 만남의 장소가 얼마나 많은지도 중요한 요소가 될 수 있다. 예를 들면, 주민들이 커먼하우스에서 함께 먹고 이야기하고, 물건을 서로 빌려 쓰고, 다른 사람이 가진 특별한 능력과 지식을 인정하고, 출퇴근 시에 차를 함께 나누어 타고, 아이들을 서로 돌봐주고, 휴일에 함께 여행하면서 주민 상호간의 사회적 관계가 증진된다. 이러한 여러 가지

활동은 사회적인 면과 실제적인 면에서 모두 이익이 된다.

1 공동 취사와 공동 식사

코하우징에서는 주민들이 함께 조리하고 식사하는 공동취사와 공동식사가 가장 중요한 공동활동으로 '코하우징의 꽃'이라고 부를 만큼 중요하게 인식된다.

공동취사는 성인 주민이면 누구나 정해진 순번대로 참여하는 의무조항인 반면, 공동체에 따라서는 어린이들과 청소년들도 그들의 능력 한도에서 간단한 취사활동에 참여시켜 공동체 의식을 함양시키는 경우도 많다. 취사당번이라 하더라도 여럿이 함께 일하고 공동부엌에는 대량취사를 위한 편리한 시설을 갖추고 있기 때문에 대량의 식사준비가 그다지 큰 문제는 되지 않으며 일반적으로 음식의 질은 만족스럽고 다양하다.

취사작업에 참여하는 사람의 수는 성인 2~3인과 1~2명의 어린이가 한 팀을 이루는 것이 일반적이다. 취사당번은 가족별이 아니라 개인별로 구성되므로 조리과정을 통하여 다른 주민들과 친근해질 수 있는 기회가 된다. 취사당번은 메뉴작성에서부터 식품구입, 조리, 설거지 작업까지 책임지는 것을 원칙으로 하며, 얼마나 자주 순서가 돌아오는지는 주민의 수와 공동 식사의 빈도에 따라 다르지

그림 3-1 어린이를 포함하여 주민 모두가 참여하는 공동취사활동은 가사노동의 간소화와
공동체 정신을 함양시킨다(덴마크 트루데스룬드 코하우징, 자료: http://www.trudesrund.dk).

그림 3-2
저렴한 가격으로 식사가 가능한
공동식사(스웨덴 스톡홀름 트레칸텐
코하우징과 미국 워싱턴주의
와이즈 에이커스 코퍼러티브).

만 보통 50명 주민이 주 5일 공동식사를 할 경우에 4~5주에 한번씩 돌아온다. 대부분의 경우에 주말을 제외하고 주 5회 정도 공동식사를 할 수 있지만 공동체에 따라 주 1~7회로 차이가 크다. 공동식사의 빈도와 조직이 주민들이 얼마나 공동체로서 '협동'하는가를 표현해 준다고 할 수 있다.

취사당번이 의무활동인 반면, 공동식사에 참여하는 것은 자발적인 선택사항이다. 덴마크나 스웨덴의 경우에는 시중보다 매우 싸게 성인 1인당 보통 10~15크로나(한화 약 2,000~3,000원 정도)의 식비를 현금이나 쿠폰으로 지불하고 이 돈은 식품을 구입하는 데 사용한다. 개인적인 손님이 오더라도 공동식사에 예약하고 와인 한 병 정도만 준비해 가서 식사하면 되므로 매우 간편하다. 코하우징에 따라서는 공동체에 거주하는 주민들뿐만 아니라 외부에 거주하는 조합의 회원들에게도 희망에 따라 공동취사와 공동식사에 참여하는 것을 허락하기도 한다.

2 공유공간의 공동청소와 유지관리

공동생활시설의 청소와 관리는 의무적으로 순서에 따라 참여해야 하는 공동활동이다. 건물의 수선이나 변경, 새 공간을 만드는 일은 일반적으로 월 1회 정도 작업일을 따로 정하여 수행한다. 캐나다의 윈드송에서는 월 3회 의무적으로 공동청소를 하는데 만일 개인적인 사정이 있어서 참여하지 못하는 사람은 일정금액을 지불하도록 하는 방법을 사용하여 시간적으로 제한이 있는 사람들의 부담을 덜어주고 주민 간의 공평성도 유지한다.

최근 스웨덴의 코하우징에서는 잠재적인 임차자들이 주택조합을 구성하여 이 주택조합과 공영임대주택회사가 임대계약을 맺은 후 개인 임차자에게 재임대하는 BiG 방식이 흔히 채용된다. 이러한 공영임대 코하우징에서는 주택회사의 업무인 공동공간의 청소를 주민들이 대신 수행함으로써 그 비용을 주택회사로부터 환불받기 때문에 공동청소와 유지관리 활동은 주민 간의 사회적 교류는 물론, 임대료 절감 효과까지도 준다. 어떤 코하우징에서는 구매나 채소를 재배하는 일에 공동으로 참여하기도 하고. 부가적으로 공동으로 운영하는 식품점이 있어서 외부에 나가지 않고도 주택 내에서 간단한 식품을 살 수 있는 경우도 있다.

그림 3-3
주민들의 자발적인 참여로 수행되는 주택의 유지관리 작업
(스웨덴 예테보리 마이박켄 코하우징)
(자료: www.majbacken.org).

3 주민회의의 참석

대부분의 코하우징 내에는 공식적으로는 전통적인 방식에 의해 형성된 주민조합과 주민회의 조직이 있다. 코하우징에서는 매년 연례 회의를 열고 연간 활동과 예산을 투표로 결정하고 위원회의 위원을 선출한다. 그러나 실질적으로는 매달 열리는 주민회의에서 민주적 방식에 따라 공동체의 일을 결정한다. 조직 내에는 다양한 활동을 수행하기 위한 여러 개의 작업그룹과 위원회가 있어서 주민들이 자발적으로 관심 있는 분야에 참가하여 공동체의 운영에 참여한다.

조합의 회의는 1년에 한번 열리는 연례총회와 매달 열리는 정기회의가 있다. 그 외에도 회원들이 요구하거나 이사회에서 필요하다고 결정할 때에는 특별 총회나 정기회의를 추가로 소집할 수 있다. 이러한 회의에 참석하는 것은 모든 주민의 의무사항이고 누구나 회의에서 자기의 의견을 발표하고 투표할 권리를 가진다. 의사결정은 만장일치제 또는 3분의 2 이상의 찬성 또는 과반수 찬성 등으로 공동체마다 다양하다.

회의 참석이 어려운 회원들을 위해서는 투표권자가 서명한 위임장에 의한 대리인의 참석을 인정하고 대리인은 회의에서 회원과 동등한 권리와 의무조항을 수행할 수 있다. 또한 대부분의 공동

그림 3-4 주민회의에서는 주민들의 다양한 의견이 반영된다
(스웨덴 스톡홀름 트레칸텐 코하우징과 플레르스타 코하우징의 주민 회의).

체에서는 회원이 직접 회의장소에 참석하기 어려울 경우, 전자통신에 의한 회의참석을 인정하여 가능한 한 모든 회원이 공동체의 논의사항을 알고 의사결정에 참여하도록 노력한다. 전자통신에 의한 참여는 전화 또는 기타 전자매체를 통하여 주민이 회의에서 진행되는 내용을 듣고 자기의 의견을 발언할 수 있으므로 회의참석으로 인정한다.

그림 3-5 주민들의 취미활동인 합창공연(스웨덴 스톡홀름 툴스투간 코하우징)
(자료: www.tulstugan.se).

4 공동취미활동

공동취미활동 프로그램은 코하우징 주민들의 인구학적 특성에 따라 매우 광범위하고 공동체의 생활을 보다 즐겁게 하고 주민 간의 사회적, 정서적 교류를 도모하며 공동생활의 질을 향상시키는데 기여한다.

취미활동의 프로그램은 음악, 영화, 연극, 춤, 독서, 수공예, 정원 가꾸기, 여행, 영화, 미술, 운동 등으로 매우 다양하고 모든 취미활동은 희망하는 회원들만 참여하는 선택사항이다. 그러나 운영위원회에서는 주민들이 각자의 취미와 능력에 따라 하나 이상의 취미그룹에 참여하여 활동하기를 권장한다.

5 어린이 돌보기

어린이를 가진 가족들이 많은 연령통합형 코하우징에서 어린이 돌보기는 중요한 공동활동 중의 하나이다. 시간적으로 쫓기는 대부분의 맞벌이 부부들은 주민 사이의 상호지원을 통하여 어린이 양육의 부담을 줄일 수 있다. 어린이를 가진 부모들은 자체적으로 부모클럽을 구성하여 어린이 양육을 위한 안전한 옥내·외 놀이터, 차 없는 단지 등의 환경을 조성하고 다양한 교육 프로그램도 운영한다.

어떤 코하우징의 경우에는 부모가 안심하고 회의에 참석할 수 있도록 부모클럽에서 회의 중에 어린이를 맡아서 돌보아주는 활동도 수행한다.

자녀가 외동이거나 한두 명 뿐인 핵가족, 또는 이혼이나 별거 등으로 직업에 종사하면서 혼자서 아동을 양육해야 하는 한부모 가족에게도 자기의 아이들이 많은 또래 친구들과 어울려 살면서 안전한 환경에서 성장할 수 있다는 점은 코하우징이 가진 가장 중요한 장점 중의 하나로 간주된다. 어린이 돌보기그룹에서는 다양한 연령층이 어울려 사는 대가족제도의 장점을 취하고 어린이들에게 가족의 중요성, 세대 간 교류와 이해를 돕는 교육을 하기도 한다.

외국에서는 코하우징에서 자란 어린이들이 성장하여 성인이 된 후, 자신들의 유년기를 좋은 추억으로 기억하고 자신의 아이들에게도 성장에 유리한 환경을 제공하기 위하여 다시 코하우징으로 돌아오는 사례도 많다.

그림 3-6
연령통합형 코하우징의 어린이 돌보기 활동(스웨덴 말뫼 소피룬즈 코하우징).

그림 3-7
인포메이션팀의 방문자 안내 활동(덴마크 스키비 스반홀름 에코빌리지)과
인테리어디자인팀의 활동(스웨덴 스톡홀름 툴스투간 코하우징, 자료: www.tulstugan.se).

6 공동활동그룹의 사례

외국의 코하우징에서 운영되는 공동활동그룹의 사례를 알아 보면 다음과 같다.

⬆ 트레포르타 - 정보그룹, 환영그룹 등.

⬆ 윈슬로 - 행정팀, 입주와 커뮤니케이션팀, 정원팀, 건물유지 관리팀, 커먼하우스팀 등.

⬆ 컬럼비아 에코빌리지 - 행정팀, 유지관리팀, 서기팀, 프로세 스팀, 어린이팀, 커먼하우스 실내장식팀, 코디네이션팀, 음식팀, 재정팀, 조경팀, 회원팀, 참여팀, 토지사용팀, 근린관계팀, 행사 팀, 건설팀, 사회생활팀 등.

⬆ 랑에 엥 - 부모클럽 등.

⬆ 마이박켄 - 취사팀, 게스트룸관리팀, 정원관리팀, 인테리어디 자인팀, 회원관리팀, 주택관리팀, 문화활동팀 등.

⬆ 소켄스투간 - 취사그룹, 정원관리그룹, 조경디자인그룹 등.

외국의 코하우징에서 수행되는 공동활동 프로그램을 구체적 으로 요약하면 다음 표1과 같다.

표 1 외국 코하우징의 대표적 공동활동 프로그램의 종류와 빈도.

활동\n코하우징	의무적 활동				선택적 활동			
	공동\n취사	의무\n노동	회의\n참석	공동\n청소	공동\n식사	공동\n식사비	취미\n활동	어린이\n돌보기
팅고든	0		0	0	주2회		0	0
트레포르타	월1회		0	대청소\n연2회	주4회		0	0
트레뎃	3주마다\n1회		0	0	주5회		0	0
윈슬로	0		0	주1회	주5회		0	0
윈드송	0		0	월3회	주4회		0	0
랑에 엥	6주마다\n1회		0	0	주6회		0	0
컬럼비아\n에코빌리지	0	월9시간	0	0	주2-3회	2000~\n4000원	0	0
스반홀름\n에코빌리지	0	주30시간\n이상	0	0	0		0	0
패르드크내팬	6주마다\n1회		0	6주마다\n1회	주5회		0	
마이박켄	3주마다\n1회		0	대청소연\n4회	주2회		0	
소켄스투간	0		0	대청소연\n1회	주5회		0	
쇠화르텐	6주마다\n1회		0	8주마다\n1회	주4회		0	
실버 세이지	0		0	0	0			

범례) 0-있음

(자료: 최정신 2015. 외국 공동체 주택의 공동활동 프로그램과 관리규약 사례,\n서울시 주택정책과 연구보고서, 미간행).

2 의사결정 방법
Method of Decision-making

코하우징에서는 주민들 스스로 청소, 건물의 유지관리에서부터 안전, 비용, 사교모임에 이르기까지 모든 것에 관해서 공동으로 결정한다. 이러한 결정사안에 대해서 대부분의 코하우징에서는 다수결보다 만장일치 방식을 사용한다. 만장일치는 상정된 사안이 확정되기 전에 모든 회원이 찬성해야 한다는 의미이다. 만장일치는 다수결로 결정된 사안에 소수그룹이 느끼게 될 좌절감과 불만을 방지하고자 하는 모델이다. 일반적으로 만장일치식 의사결정에서는 다수결 방식보다 시간이 많이 걸리지만 코하우징 주민들은 그 과정에 가치를 둔다. 만장일치로 의견이 모아지지 않는 경우에는 그 사안의 결정을 연기하여 집에 가서도 다시 생각할 시간을 가지고 다시 의결에 부친다. 그러면 생각하는 동안 마음이 바뀔 수도 있고 더 나은 대안이 나올 수도 있기 때문이다. 이러한 과정은 안건을 한 번에 부결로 처리하지 않고 다른 사람들의 의견을 듣는 동안 주민들이 각기 다른 견해의 가치를 알게 되고 주민 간의 연결을 더욱 강화시켜준다. 그러한 과정은 모든 회원이 참여할 때 더욱 의미 있고 공동체 전체에 이익이 되는 현명한 의사결정을 하게 된다. 따라서 코하우징 생활에서 주민들은 반드시 주민회의에 참석하여 현명한 의사결정을 하는 데 도움을 주어야 한다. 만장일치로 결정되는 의사결정방법은 자기들이 결정한 사안에 대하여 모든 회원들이 동등한 정보공유와 책임감을 가지도록 해준다.

3 주민 간의 갈등 조절
Management of Conflicts among Residents

사람들이 공동으로 모여 산다는 것은 항상 이상과 일치하지는 않는다. 공동체 생활의 가장 중요한 점은 기존의 지역사회보다 다른 종류의 커뮤니티를 재창조하는 것이다. 사람들이 공동으로 살면서 갈등이 생기는 경우는 허다하다. 코하우징에서 경험하는 가장 큰 강점은 '다른 사람이 다른 의견을 가질 수 있다'는 불일치를 받아들이는 것이다. 대부분의 코하우징에서 다수결보다는 만장일치제의 의사결정 방법을 사용하는 이유도 대다수의 주민들을 만족시키고 상정되는 사안에 대하여 참여의식을 주기 위한 것이다.

어떤 코하우징에서는 주민 사이에 매우 심각한 사안이 생기면 갈등해소 팀을 따로 소집하기도 한다. 대부분의 코하우징 주민들은 협동과 협조적인 환경을 추구할 의지를 가지고 있기 때문에 의견의 불일치는 모두가 만족할 수 있는 결과로 끝나는 경우가 많다. 코하우징 주민들의 공동목표는 이웃들과 협동해서 살면서 자신들의 삶을 보다 즐겁게 영위하는 것이기 때문이다.

캐나다의 코하우징협회에서 권장하는 갈등해소의 지침을 알아보면 다음과 같다.

우선 문제를 가진 당사자들끼리 직접 접촉함으로써 문제를 풀어보려는 좋은 신념으로 노력하라.

만일 당사자들이 직접적으로 소통해도 문제를 풀지 못한다면 다른 회원에게 중재하여 문제를 풀어주도록 도움을 청할 수 있다. 커뮤니케이션 팀은 중재를 맡을 수 있는 회원의 리스트를 보유한다. 중재인은 자기가 관여하는 갈등의 상세한 내용에 대해 비밀을 유지한다. 어떻게 중재하는가에 대한 실질적 지침, 예를 들면 회의의 횟수, 서면 동의서의 사용, 후속 회의 등의 지침에 대한 공식적인 정책은 없다. 갈등 중재에 자원해서 나서는 사람은 갈등을 해소시킬 수 있는 효율적이고 구조적인 계획을 세울 수 있는 능력이 있어야 한다.

만일 공동체 내의 중재자에 의해서 갈등이 해소되지 않을 경우에

는 갈등에 처한 당사자들이 직접 지역 전문가에게 중재를 의뢰
하고 비용은 당사자들이 지불하기를 권장한다. 위원회에서는 유
사한 내용의 갈등 해소에 익숙한 외부 중재자의 명단을 구비하고
통상적인 범위 내에서 비용을 청구한다(www.cohousing.ca.).

Examples of Cohousing Communities

Part 4

코하우징

공동체의 사례

　전 세계적으로 코하우징이 처음 개발된 곳은 스칸디나비아이다. 1970년대에 덴마크에서 개발된 현대적 코하우징을 필두로 스웨덴, 노르웨이, 핀란드는 물론 네덜란드, 독일, 영국 등의 유럽 국가들, 그리고 미국과 캐나다, 일본 등지에서도 자국의 실정에 맞게 21세기의 새로운 주거대안으로서 코하우징이 개발되고 있다.

　본 장에서는 덴마크와 스웨덴은 물론 미국과 캐나다의 연령통합형 코하우징의 사례를 심층적으로 분석해 봄으로써 자국의 주택정책과 주택시장 상황, 그리고 주거문화에 따라 다양하게 개발되고 있는 코하우징의 실체를 알아볼 수 있을 것이다. 이는 앞으로 코하우징 공동체를 우리나라에 적용할 때 직면하게 될 여러 가지 문제들을 풀어나갈 수 있는 중요한 실마리를 제공해줄 것이다.

1 덴마크 코하우징 공동체의 사례
Examples of Danish Cohousing Communities

1 트루데스룬드 코하우징 Trudeslund Cohousing-비르케뢰드

위치: 덴마크 비르케뢰드(Birkerød)

주소: Trudeslund 1-33

    3460 Birkerød

    Denmark

주택유형: 2층 연립주택

입주년도: 1981년

주택수: 33개

주민수: 100명(성인 60명, 어린이 40명)

소유형태: 개인소유

홈페이지: http://www.trudeslund.dk

전화: +45 33 33 06 69

트루데스룬드는 덴마크 비르케뢰드Birkerød에 위치한 연령통합형 코하우징으로 1981년에 시작되었다. 트루데스룬드는 자가 주택이며 주민이 되려면 트루데스룬드 주택조합에 가입하여 회원이 되어야 하고 조합원이 되면 개인주택뿐만 아니라 공유공간의 지분도 소유한다. 주민들은 회비를 지불하고 이 돈은 공동시설을 운영하는 데 사용된다. 위원회는 공동체를 대표하고 경제를 포함한 여러 가지 활동을 담당한다. 주민들은 매달 한 번씩 열리는 주민회의에서 공동체에 대한 의사결정을 한다.

트루데스룬드의 일상생활은 수년간 쌓아온 공동작업 이외에도 주민간의 지속적인 접촉, 사적인 잡담 등이 특징이다. 그러므로 주민은 공동생활의 규정을 잘 아는 것도 중요하지만 동시에 이웃들과 만나고 공동체에 대하여 의견을 나누며 함께 활동하고 의사결정에 참여하는 것도 역시 중요하다.

트루데스룬드의 주민은 성인 60명, 어린이 40명으로 전체 약 100명이다.

그림 4-1
트루데스룬드 코하우징
단지 배치도
(자료: www.trudeslund.dk).

그림 4-2
트루데스룬드 코하우징의
커먼하우스
(자료: www.trudeslund.dk).

그림 4-3
트루데스룬드 코하우징에는
2층 연립주택으로 지어진
33개의 주택이 있다
(자료: www.trudeslund.dk).

개인주택

트루데스룬드의 각 주택에는 개인 테라스와 반 사적인 공간과 함께 놀이터와 불을 피울 수 있는 공용공간이 있다. 각 주택의 복도에는 모래상자가 비치되어 있으며 공용 주차장도 갖추어져 있다.

개인주택은 시장가격에 맞게 관심 있는 사람에게 자유로이 팔 수 있다. 그러나 개인주택을 매도할 사람은 미리 조합에 통지하고 팔아야 한다. 트루데스룬드에서 주택을 산다는 것은 개인주택뿐만 아니라 공동생활시설의 지분을 사는 것이고 또한 좋은 이웃도 함께 사는 것이다.

일반인들에게 코하우징 생활의 특성을 설명하는 것은 어렵기 때문에 주택을 매입할 의도가 있는 사람은 트루데스룬드의 생활을 이해하고 주택을 구매하는 것이 좋다. 그러므로 결정하기 전에 위원회에 연락하여 코하우징의 일상생활인 공동활동이나 의사결정 방법 등에 관한 이야기를 들어볼 수 있다.

그림 4-4

트루데스룬드의 개인주택들(자료: www.trudeslund.dk).

커먼하우스

　　트루데스룬드의 커먼하우스에는 큰 식당, 대량 조리시설을
갖춘 부엌, 하키경기나 롤러스케이트를 탈 수 있는 무도회장, 화장
실, 게임실, 화실, 조용한 독서실, 바bar를 겸한 TV실, 당구 테이블
과 벽난로가 있는 방, 청소년들이 소그룹으로 모일 수 있는 지하의
청소년실, 그리고 공동세탁실이 있다. 그 외에도 공동으로 사용하는
냉동실, 자전거 주차장과 창고 등이 갖추어져 있다.

그림 4-5
트루데스룬드
코하우징의 커먼하우스
(자료: http://l.cohousing.
org/dk99/tour.html).

공동활동

트루데스룬드 코하우징에는 다양한 작업그룹이 있고 모든 성인은 적어도 하나 이상의 작업그룹에 속해야 한다. 예를 들면 세탁그룹, 취사그룹, 커먼하우스 청소그룹, 어린이그룹, 창고 청소그룹, 행사그룹, 정보그룹, 난방그룹 등이 있다. 그리고 매년 정해진 작업 주일이 있어서 그 기간에 공동체의 큰 개·보수 작업을 공동으로 수행한다.

코하우징은 계단이나 세탁실, 공동거실 등에서 좋은 이웃과 쉽게 접촉할 수 있는 공동체라고 할 수 있다. 코하우징은 어린이들에게도 넓은 공간과 또래친구들과 함께 놀 수 있는 기회를 가질 수 있어서 좋은 양육환경이라고 할 수 있다.

커먼하우스에서는 공동체의 자랑거리인 공동식사가 매일 저녁 열리는데 식사를 하면서 주민들은 일상적인 이야기나 사적인 이야기들을 나눈다. 공동식사에 참여하는 것은 의무가 아니므로 참여하고 싶은 날에만 참가하면 된다. 보통 30~40명이 공동식사에 참여한다. 식비는 성인이 30크로나(5000원)이고 어린이는 반액, 3세 이하 어린이는 무료이다. 취사당번은 한 달에 한번 성인 2명과 몇 명의 어린이들이 함께 돌아가면서 맡는다.

트루데스룬드에는 5월초에 코하우징 창립기념잔치, 하지축제, 크리스마스트리 점등식과 새해이브 축하 등과 같은 전통적인 행사가 있다. 더욱이 행사그룹이나 어린이그룹은 왕새우 파티, 와인 테스팅, 카누를 타고 스웨덴 가기, 영화상영 등과 같은 행사도 조직한다. 이러한 행사에 참여하는 것은 역시 의무가 아니고 개인적인 흥미나 관심에 따른다. 커먼하우스는 미리 예약하면 개인적인 행사에도 사용할 수 있다.

그림 4-6
공동식사를 준비하는 주민들
(자료: http://l.cohousing.org/
dk99/tour.html).

그림 4-7 기후가 좋은 날 중정에서는 주민들의 만남이 빈번하다
(자료: http://www.trudeslund.dk).

2 팅고든 코하우징 Tinggården Cohousing-쾨에

위치: 덴마크 코펜하겐 근교 쾨에(Køge)

주소: Ejendomskontoret Tinggården

     Tinggården 100

     4681 Herfølge

     Denmark

입주연도: 1기-1978년. 2기-1984년

주택유형: 1~2층 연립주택

주택수: 1기-78개. 2기-91개. 총 169개

주민수: 약 200명

소유형태: 공영임대

연락처: Birgit Søborg, +45 25 11 19 58

     Kirsten Jessen, +4556 27 50 55

     관리사무실 전화: +45 56 27 53 82

     팩스: +45 56 27 63 78

이메일: post@tinggaarden.nu

홈페이지: www.tinggaarden.nu

팅고든Tinggården은 덴마크 최초로 설립된 대규모의 공영임대 코하우징으로 코펜하겐 근교인 쾨에Køge에 위치하고 있고, 1978년에 입주한 제1기 단지와 1984년에 입주한 제2기 단지를 합하여 총 169가구에 약 200명의 주민이 살고 있다. 이 단지는 덴마크 공영임대주택회사인 DAB에서 임대한다.

1977년 건축가인 반드쿤스텐Vandkunsten이 덴마크 왕립건축연구소의 현상공모에 당선되어 팅고든의 설계를 맡았다. 이 설계는 알바 알토 건축 상Alvar Aalto Medal을 수여받아서 덴마크에서 매우 유명한 건축물이 되었고 세계 각국에서 많은 방문객들이 찾아온다. 주택유형은 1~2층의 연립주택으로 주택건물은 진한색의 적벽돌, 목재, 콘크리트, 유리 등의 다양한 재료를 사용하여 즐겁고 따뜻한 분위기를 준다.

대규모 단지인 팅고든은 13가구를 하나의 단위로 구성하여 'ㄷ자'와 'ㄴ자' 모양으로 계획한 클러스터cluster 배치이다. 13가구를 한 군집으로 구성한 이유는 40~60명이 모여 공동생활을 하는 것이 가장 바람직하다는 연구결과에 근거한 것이다.

클러스터의 모양은 1기 팅고든은 6개 모두가 ㄷ자 모양이며, 2기 팅고든은 ㄷ자 모양이 2개, ㄴ자 모양이 4개로 전체 12개 클러스터로 구성되었다. 클러스터마다 커먼하우스가 1개씩 있고 건물과 건물 사이가 도로와 녹지를 포함하여 전체적으로 답답하다는 느낌은 없다. 1기와 2기 단지 사이에는 맞배지붕의 간이통로가 계획되어 두 단지를 시각적으로 연결시켜주며 서로 다른 외관, 클러스터의 형태, 보행도로의 폭이 두 단지를 차별화 시키고 있다. 예를 들면 1기 코하우징 단지의 경우에는 외관이 짙은 빨간색의 나무패널 마감이고 약간 경사진 지형에 주택을 배치하고 공동마당과 커먼하우스가 개인주택의

가운데 위치하여 전원적인 분위기를 준다. 이에 비해 2기 팅고든의 경
우에는 회색의 알루미늄, 검정색 계단, 넓은 보행도로 등으로 인하여
1기보다 도시적인 분위기를 준다.

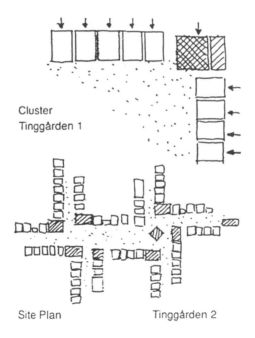

그림 4-8
팅고든 코하우징의 단지배치도. 위(1기), 아래(2기)
(자료: Dorit Fromm, 1991).

그림 4-9 외장재를 빨간색 나무패널과 벽돌로 사용하고 맞배지붕을 가진 전원적인 분위기의 팅고든 1기 단지.

그림 4-10

회색의 알루미늄으로 외장재를 사용하여 도시적인 분위기를 주는 팅고든 2기 단지.

그림 4-11
알바 알토 건축 상을
수여받아 전 세계에
많은 방문객이 찾아온다.

그림 4-12
주차장을 단지입구에
배치하고 단지 내에는
차가 없어 보행자와
어린이들에게 안전한
환경을 조성하였다.

그림 4-13 팅고든 1기의 주택 평면도(자료: 주거학연구회, 2000).

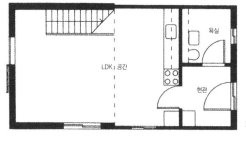

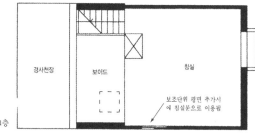

개인주택

팅고든은 기본평면자체도 다양하지만 기본평면에 보조평면을 추가하는 방식으로 공간구성에 대한 거주자의 다양한 요구가 반영되도록 하였다. 1기 주택의 경우 주택유형은 5가지로서 1침실 복층형, 1침실 단층형, 2층에 현관이 있는 1침실 복층형의 3가지 유형을 기본으로 하고 여기에 다시 보조적인 단위평면 3가지를 추가함으로써 다양한 주택평면을 창출할 수 있게 되어 있다. 그림 4-13을 보면, 1침실 복층에는 1층에 현관, 욕실, 거실, 식당, 부엌이 개방된 LDK가 있고 거실부분의 천장은 경사천 장으로 되어 있으며 거실한쪽에 있는 계단을 오르면 거실이 내려다보이는 침실이 있다. 이러한 기본평면에 욕실 딸린 침실이 있는 보조단위 평면이 추가되면 2침실 복층형 주택이 된다. 또 기본평면을 중앙에 두고 양쪽에 보조단위 평면을 추가하고 1,2층을 사용하게 되면 5침실 복층형이 된다(그림 4-14). 그러나 실제로는 2침실형 주택이 가장 많이 사용된다.

2기 팅고든의 주택유형은 더욱 다양하여 전체 11가지이다. 가장 큰 규모는 4침실형 주택이지만 대부분 LDK형(부엌, 식당, 거실 공간이 개방된 유형)으로 계획되어 있다. 또한 18세 이상의 청소년들에게 적합한 기숙사형 주택도 15개가 있는데 이것은 소규모로 독신자용이며 대학의 기숙사 수준으로 부엌과 욕실은 공동으로 사용한다.

주차장은 입구에 배치하여 단지 안에서는 자전거와 보행만 가능하기 때문에 어린이들이 안심하고 뛰어놀기에 적당할 뿐만 아니라, 각 주택의 부엌 창문을 통하여 보행도로를 바라볼 수 있도록 설계하여 부모들이 집안에서도 밖에서 놀고 있는 어린 자녀들을 쉽게 지켜볼 수 있다.

팅고든의 주택 임대료는 제곱미터당 1년에 700크로나 (120,000원)으로 60제곱미터인 주택이면 1년에 4,2000 크로나 (7,140,000원, 월 595,000원)로 덴마크 일반 아파트의 임대료에 비하여 약간 높은 편이다.

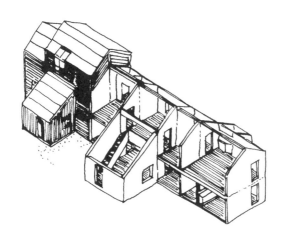

그림 4-14 기본 평면사이에 보조단위 평면이 추가된 1기 코하우징 주택의 예 (자료: 주거학연구회, 2000).

그림 4-15

팅고든 개인주택 외관과 내부.

커먼하우스와 커뮤니티센터

팅고든에는 클러스터마다 계획된 12개의 커먼하우스가 있고 전체 단지가 모일 수 있는 큰 커뮤니티센터 한 곳이 있다. 각 클러스터의 커먼하우스의 규모는 80~90제곱미터 정도이며, 외관과 내부구조는 약간씩 차이가 있기는 하지만 기본적인 구성은 거의 같다. 평면은 긴 장방형으로 바닥 차를 두어 공간을 두 부분으로 구분하였다. 외관은 단순하고 30° 정도의 경사지붕 전체를 태양열 흡열판을 장착하여 온수공급을 보충할 수 있도록 하였다.

커먼하우스에 들어서면 왼쪽에 모임 공간, 오른쪽에 어린이 놀이방이 있고, 계단을 몇 단 더 내려가면 세탁기, 건조기, 부엌 작업대가 배치된 공동작업 공간이 있다. 커먼하우스는 누구나 쉽게 와서 세탁도 하고 모임도 할 수 있도록 수수한 분위기이지만 어린이 놀이방은 다양한 색채로 칠하여 활기차고 흥미롭게 만들었다. 이곳에서도 어느 코하우징이나 마찬가지로 조리활동은 순번제로 협력해서 하고 어린이 양육도 분담하여 실행한다(주거학연구회, 2000). 설립이후 38년이 지난 지금까지 팅고든은 어린이나 어른 모두에게 아름다운 삶의 터전으로 평가받고 있다.

팅고든에는 클러스터마다 있는 커먼하우스에 비하여 약간 공적인 성격을 띠는 커뮤니티센터(주민센터)가 한 곳 있다. 2기 코하우징 단지의 네거리 광장에 위치한 커뮤니티센터는 지하 1층에 50명

정도를 수용할 수 있는 규모에 건물 외관은 유리와 철재로 되어 있어
현대적인 느낌을 준다. 커뮤니티센터에는 세탁, 조리 등을 위한 공간
이 없고 간이 싱크대와 가열대만 있다. 주민 전체의 파티를 열 때에
는 각 클러스터의 커먼하우스에서 음식을 만들어 오면 되므로 조리
공간을 따로 두지 않았다고 한다. 이 곳은 전체 주민회의, 각종 회의,
클러스터 가족끼리의 파티, 체력단련 행사 등에 사용된다.

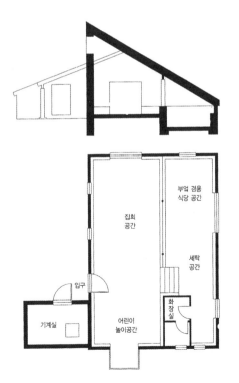

그림 4-16
커먼하우스의 단면도와 평면도
(자료: 주거학연구회, 2000).

그림 4-17 각 클러스터별로 있는 커먼하우스의 외관과 내부.

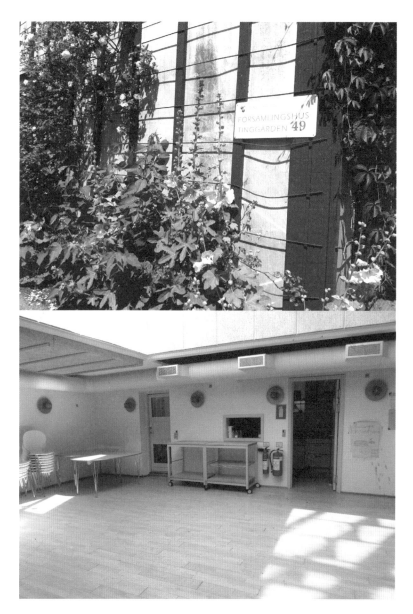

그림 4-18 팅고든에는 소규모의 커먼하우스 이외에 함께 모여 사용하는 널찍한 규모의 커뮤니티센터가 1개 있다.

공동활동

팅고든 이사회는 주민 총회와 연례회의를 소집하고 예산과 회계에 대한 의사결정을 담당하는 최상위 조직이다. 이 산하에 각 부서가 있고 그 아래에 독자적으로 내부 규칙을 가진 여러 작업그룹이 있다. 공영임대주택회사인 DAB 쾨에 지부는 팅고든의 임대, 임차자 모집, 임대료 지불 등의 일상적인 관리를 담당한다.

팅고든에서는 환경오염을 줄이기 위하여 많은 노력을 하고 있다. 정원 쓰레기, 유리, 종이, 그리고 폐기용 쓰레기를 각각 분리 수거하고 무게에 따라 가격을 지불함으로써 친환경을 유지하고 쓰레기 처리비용도 절약한다. 사용하던 옷가지는 의류수거함에 따로 수집하여 담요를 만들거나 다른 옷가지로 재활용한다. 팅고든의 주민들은 공영임대주택회사인 DAB와 함께 에너지절약 캠페인에 적극 참여하여 상을 받기도 하였다.

팅고든에서는 음식문화를 포함한 다양한 문화행사를 환영한다. 특히 공동식사는 주민들을 모이게 하는 중요한 행사이다. 각 클러스터에서는 따로 공동식사를 하는데 12개의 클러스터별로 횟수에는 다소 차이가 있다. 단지 전체적으로는 1년에 2회 큰 디너파티를 마련한다. 좋은 음식 아이디어가 있는 사람은 누구나 위원회에 신청하여 이를 실행에 옮길 수 있다. 공동식사에 참여하려면 식사비용을 25크로나(한화 4,200원) 지불하는데 매우 저렴하다. 그러나 전체적으로 본다면 팅고든은 다른 코하우징에 비하여 공동식사를 하는 횟수는 적은 편이다. 1주에 1~2회 공동식사를 하는 그룹도 있지만 1달에 1~2회 하는 그룹도 있는 등, 그 차이가 크다. 이것은 자녀를 둔 가족들이 자기 가족끼리 집에서 식사하는 경우가 많기 때문이라고 한다. 그러므로 팅고든의 공동식사는 가사노동과 식비의 절약보다는 사교적인 성격이 강한 것으로 보인다.

매주 화, 수요일 오후 6시에는 팅고든 2기의 커뮤니티센터에서 디너클럽이 마련한 디너파티가 열린다. 여기에는 어른과 어린이들이 순번대로 취사당번으로 참석한다. 커피까지 포함된 식사비용은 10주 가격을 미리 지불하고 만일 개인 사정으로 불참하더라도 비용은 환불되지 않는다.

▲ 성인-380크로나 (한화 65,000원)
▲ 어린이(5~9세) – 100크로나 (한화17,000원)
▲ 어린이(10~14세) – 180크로나 (한화 30,000원)
▲ 어린이(15세 이상) – 성인과 동일 (한화 65,000원)

팅고든에는 공동활동에 참여할 수 있는 기회가 매우 많다. 우선 비공식적인 것으로는 오후에 이웃들이 함께 마시는 커피 모임, 또는 여름날 그릴을 피우고 이웃과 함께 바비큐를 해먹는 일 등. 그

리고 무엇보다도 중요한 것은 좋은 아이디어를 가진 개인이 게시판
에 공지하면 위원회에서 이를 지원하고 어린이건 어른이건 간에 흥
미가 있는 사람은 누구나 참여할 수 있다는 것이다. 매년 2월에는
커뮤니티센터에서 카니발이 열린다.

취미활동 클럽에는 다음과 같은 것들이 있다.

▲ 정원클럽
정원은 1년에 50크로나(한화 약 1만 원 정도)를 지불하면 개인
적으로 분양받아 사용할 수 있다.

▲ 달리기 클럽
달리기 클럽에서는 매주 화요일에 모여서 함께 걷거나 달리기를
한다. 이 활동에는 나이를 불문하고 누구나 참여할 수 있고 강아
지나 아이들까지도 참여할 수 있다

▲ 외장 페인팅과 목공 클럽
건물의 유지관리를 기술자에게 맡기면 비용이 많이 들기 때문에
1기 단지에서는 유지관리 클럽이 있어서 수년 간 운영되어 왔지
만 현재는 점차적으로 쇠퇴되었다. 이사회에서는 페인트를 사주
고 회원들은 함께 건물의 페인트칠을 하면 즐겁고 수입도 생겨
서 함께 아침식사를 하고 페인트칠을 하며 작업 후에 함께 외출
하기도 했었다.

3 랑에 엥 코하우징 Lange Eng Cohousing-코펜하겐

위치: 덴마크 코펜하겐(Copenhagen)
주소: Bofalleskabet Lange Eng
      2620 Albertslund
      1165 Copenhagen K
      Denmark
입주연도: 2008년
주택유형: 2층 연립주택
주택수: 54개
주민 수: 200명
소유형태: 개인소유
e-mail: info@langeeng.dk
홈페이지: http://www.langgeeng.dk

랑에 엥Lange Eng: Long Meadow은 코펜하겐에 위치한 54개의 타운하우스와 1개의 커먼하우스로 구성된 개인소유형 코하우징이다. 랑에 엥은 도르테 만드룹 건축회사Dorte Mandrup Architect에서 설계하였고 2008년 여름에 입주하였다. 이곳에는 다양한 연령의 200여 명의 주민이 살고 있고, 단지에는 녹색의 중정과 개인 테라스, 공용 테라스로 둘러싸인 건물과 놀이터가 있으며 100그루의 과일나무를 심었다.

역사

2004년 가을에 초기 그룹이 친구, 친지 등을 모아서 자신들을 위한 주거단지에 대해서 단편적인 생각들을 나누었다. 그들은 프라이버시와 공동체, 도시와 시골에 대해서 많은 시간동안 토론하였고 덴마크에서 과연 그러한 공동체가 가능한지에 대해서도 의견을 나누었다. 그들은 몇 명이나 이 그룹에 남을지, 어느 부분까지 공동과 개인적인 영역으로 규정해야 할지에 대해서도 의논하였다.

2005년 5월에 첫 번째 모임의 참가자 중 6명이 매달 만나서 좀 더 심층적으로 공동체의 가치와 조직에 대하여 의논하기로 결정하였으나 그룹은 나중에 4명으로 줄었다. 그들은 여러 가지 프로세스를 정립하기 위하여 변호사를 만나 장소에 대한 자문을 받았고 이어서 다른 전문가들과도 접촉하였다. 그와 함께 코펜하겐Copenhagen, 발레룹Ballerup, 로스킬레Roskilde, 밸뢰세Værløse등을 포함한 여러 지방정부들을 비롯하여 지방정부 조합과도 접촉하였다. 또한 부동산회사와 개발자들과도 접촉했다.

그들은 11월말 밸비Valby 주민회관에서 첫 번째 정보공지 모임을 개최하였는데 이 모임에는 30명이 참석하여 열띤 토의를 하여 성공적이었다. 드디어 2005년 12월에 41가구―68명의 성인과 39명의 어린이―의 코하우징그룹이 결성되었다. 2006년 3월에 밸비 주민회관에서 3차 회의가 열린 이후 구체적인 단지계획이 나오면서 회원

그림 4-19
도르테 만드룹 건축회사에서
설계한 랑에 엥 단지 배치도.
모든 주택이 중정을 둘러싸고 배치되어 있다
(자료: www.langgeeng.dk).

그림 4-20 모든 주택에서는
중정으로 직접 나갈 수 있어서
여름에는 중정에서 많은 활동이
이루어진다
(자료: www.langgeeng.dk).

리스트는 50가구로 마감되었으며 나머지는 대기자로 넘겨졌다.

코하우징의 설계는 도르테 만드룹 건축회사_{Dorte Mandrup Architects}에서 맡았고 로스킬레 은행이 재정 파트너가 되었다. 여러 가지 우여곡절 끝에 2006년 7월 1일 그들은 알버톤_{Alberton} 대지의 소유자가 되었고 축하기념으로 두 그루의 밤나무를 심었다. 그 후에 2007년부터 2009년의 긴 건설기간을 거쳐 랑에 엥 코하우징이 완성되었고 드디어 2008년에 입주가 시작되었다.

개인주택

랑에 엥의 개인주택은 프라이버시 확보가 가능한 멋진 모던 디자인의 타운하우스로 설계되어 계단 끝에 개인 테라스가 있고 1층 계단을 통해서 직접 중정으로 들어올 수 있게 되어 있다. 남에게 폐가 되지 않는 한 화분, 항아리, 옥외용 장난감 상자 등을 자기 집 앞에 내놓을 수 있다.

주택은 71제곱미터, 95제곱미터, 115제곱미터과 128제곱미터형의 다양한 규모로 2층 구조이다. 모든 주택은 중정을 향해서 큰 창문이 있고 71제곱미터형을 제외한 모든 주택은 1,2층이 트여진 복층구조이다. 방은 8~13제곱미터 넓이로 LDK 평면이고 바닥은 나무로 마감되었다.

건물은 검정색 목재 입면에 비대칭형 지붕으로 되어 있다. 단

그림 4-21
랑에 엥 개인주택의 테라스
(자료: www.langgeeng.dk).

그림 4-22 현대적 분위기의 인테리어를 한
랑에 엥 개인주택의 내부 1
(자료: www.langgeeng.dk).

그림 4-23 랑에 엥의 개인주택 내부 2(자료: www.langgeeng.dk).

지에는 두 개의 출입구가 있는데 하나는 북쪽에 헤르스테드룬드Herst-edlund를 향하고 다른 하나는 커먼하우스에 있는 입구로 남쪽에 가다어바이Gadagervej를 향하고 있다. 중정을 통과하는 길은 공공도로라서 대문은 없지만 주민들 이외의 사람들은 잘 다니지 않는다.

주택의 소유자는 다른 소유자에게 비용이나 환경의 변화를 주지 않는 한도 내에서 자기 아파트의 구조 벽을 옮기거나 제거할 수 있다. 필요한 경우, 파이프 매입 등은 영향을 받는 소유자의 서면 허락을 받아 시행할 수 있다. 그러나 만일 주택 소유자가 수선작업으로 타인에게 영향을 미치면, 피해를 보상해야 한다. 이사회의 동의 없이는 입주자가 임의로 주택의 외부, 공동공간을 향한 문이나 창문의 도색, 수리, 변경, 안테나 설치, 광고판 등을 부착할 수 없다.

커먼하우스와 공유공간

600제곱미터의 커먼하우스는 건물의 남서쪽 끝에 위치하고 2층으로 구성되어 있다. 1층에는 부엌, 100명 이상이 앉을 수 있는 식탁이 있는 식당, 어린이 놀이코너, 옷장과 화장실이 있다. 2층에는 큰 스크린, HD프로젝터와 20개 좌석을 갖춘 영화관이 있다. 다목적실, 미니 축구장, 음악실, 재봉틀이 있는 취미실, 카페와 바, 에스프레소 머신, 놀이코너, 피아노, 소파, 잡지, 컴퓨터, 창고, 화장실 등이 있다.

랑에 엥의 중심은 중정이다. 겨울에는 물론 조용하지만 여름에는 중정에서 많은 활동이 일어난다. 그릴에 음식을 굽거나 여유롭게 해먹hammock에 매달려 있거나 등등. 이웃들은 아이들이 노는 동안 테라스에서 만나고 커피를 마실 수 있다. 식당에서는 항상 모든 음식의 테이크아웃take-out이 가능하고 식비는 자기가 먹은 만큼만 지불하면 된다. 어떤 가족은 자주 공동식사에 참가하고 어떤 가족은 드물게 한다. 누구나 때로는 혼자 있고 싶은 것을 지켜주는 것도 랑에 엥 생활의 일부이다.

랑에 엥에는 커먼하우스의 사용에 대하여 상세한 지침이 마련되어 있어 주민들이 서로 불편을 느끼지 않고 생활할 수 있도록 노력하고 있다. 구체적인 예는 다음과 같다.

🔺 모든 회원은 커먼하우스를 사용하고 난 후, 정돈해야한다.
🔺 오후 9시 이후에는 커먼하우스에서 다른 주민에게 폐가 되거나 소음을 내는 활동을 하지 않는다. 단, 랑에 엥 전체주민의 연간행사는 예외로 한다.
🔺 커먼하우스는 사용하지 않을 때 잠그고 소등한다. 커먼하우스를 마지막으로 떠나는 사람이 창문과 바깥문을 잠그고 소등한다.
🔺 커먼하우스에서는 외부용 신발을 신지 않는다.

▲ 커먼하우스에서는 담배를 피우지 않는다.

▲ 커먼하우스에는 애완동물을 데리고 들어오지 않는다.

▲ 커먼하우스에서의 개인적인 행사는 주중에 공동식사 전까지 사용할 수 있다.

▲ 공동행사가 없으면 주말에 개인행사를 위하여 식당을 사용할 수 있다. 그러나 커먼하우스에서의 개인행사로 다른 주민에게 폐를 끼쳐서는 안 된다. 예약시간은 커먼하우스의 공동달력에 표시해두어야 한다.

공동활동

모든 성인 주민은 작업그룹에 소속되어 공평하게 작업을 분담한다. 작업그룹은 그룹 내에서 회장과 재무를 선출하고 이사회의 임원회의에 대표자로 참석한다. 각 그룹은 스스로 할 일을 조직하고 수행한다.

랑에 엥에서는 일주일에 6일간 월요일부터 금요일까지 공동식사가 실행되고 일요일에는 선택적으로 있다. 의무사항인 조리와 설거지 당번은 6주에 한 번씩 돌아온다. 외부인 중 희망자는 1년간 파트타임 회원으로 서명할 수 있는데 파트타임 회원은 좀 더 적은 횟수로 공동식사에 참여하고 조리도 할 수 있다.

그 외에도 여러 가지 그룹별로 공동 활동이 이루어진다. 예를

그림 4-24
랑에 엥 커먼하우스의
어린이 놀이공간
(자료: www.langgeeng.dk).

그림 4-25
모든 주민들이 모여서 공동식사가
가능한 넓은 면적의 랑에 엥 공동식당
(자료: www.langgeeng.dk).

그림 4-26
어린이가 많은 랑에 엥은 어린이
양육에도 안전한 주거환경이다.
부모클럽이 어린이 돌보기를 맡는다
(자료: www.langgeeng.dk).

들면, 랑에 엥의 모든 성인 주민은 부모클럽에 소속되어야 한다. 부모클럽은 고정된 순서에 따라 3일간 공동으로 저녁을 준비할 책임이 있고, 또한 정해진 순서에 따라 커먼하우스의 청소에도 참여해야 한다. 주민회의 시간 동안 어린이를 돌보아줄 사람이 없을 경우에는 부모클럽이 어린이를 돌봐서 소음으로 회의가 방해받지 않도록 노력한다.

2 스웨덴 코하우징 공동체의 사례
Examples of Swedish Cohousing Communities

1 코르넷 코하우징 Kornet Cohousing-묀달

위치: 스웨덴 묀달(Möndal)

주소: BiG Kornet Utsädesgatan 7 431 46 Mölndal Sweden

입주연도: 2006년

주택 유형: 11층 아파트

주택수: 44개

주민수: 50명

소유형태: 공영임대

홈페이지: http://www.bolgemenskap.nu/BiG/Kornet

kooperativ hyresrättsförening

전화: +46 (0)31 714 66 50

이메일: big.kooperativ@comhem.se

코르넷 코하우징은 스웨덴 서부 예테보리 시에 인접한 묀달Möndal 시에 위치한다. 코르넷은 2006년에 신축한 11층짜리 아파트 건물로 매우 현대적이고 산뜻한 디자인으로 지어졌고 안전하고 편리한 주거환경을 갖추고 있다. 인근에 유치원, 초등학교, 중학교가 위치하고 100미터 이내에 큰 슈퍼마켓이 있다.

코르넷 코하우징은 조합을 구성하여 묀달 시정부의 공영주택회사로부터 아파트 전체를 임대하여 회원들에게 재 임대하였고 임대료는 조합에서 결정한다. 조합원들은 입주 시에 제곱미터당 1,200크로나(165,000원)의 회비를 내지만 코하우징에서 이주해 나갈 때에는 이 돈을 환불받는다. 아파트에 빈집이 생기면 규정에 따라 입주위원회가 대기자 중에서 입주자를 선정한다.

그림 4-27

스웨덴 묀달에 위치한 코르넷 코하우징 외관과 주변환경

(자료: www.bolgemenskap.nu/BiG/Kornetkooperativ hyresrättsförening).

그림 4-28

11층의 현대식 아파트로 구성된 코르넷 코하우징.

그림 4-29

코르넷 코하우징 모형도.

역사

'다른 사람들과 함께 살지만 자기의 집이 따로 있는 곳. 언제나 곁에 활동을 함께 할 수 있는 이웃이 있는 곳. 누군가와 함께 식사를 하고 생동하는 삶이 있는 집에서 살 수 있는 곳…' 이런 집을 갈망하던 사람들이 그들의 꿈을 실현한 것이 코르넷의 생활이다.

BohiopBiG: Live together조합은 처음 예테보리 여성들이 모인 2주간의 교육코스에서 시작되었다. 첫 번 모임은 1988년 3월에 「여성 조건에서의 생활Living on the condition of women」이라는 제목으로 열렸고 참가자들은 모두 여성들로서 예테보리Göteborg 시 개발공무원 또는 건축가들이었다. 그들은 코스가 끝난 후에도 개인적으로 계속 만나서 토론하고 행동하기를 희망하였다. 이 연구모임이 바로 BiG조합의 첫 발자국이었고 여기에 원동력을 불어넣은 사람들은 아니타 울손Anita Olsson, 안나 스티나 한슨Anna Stina Hansen 그리고 시브 만스필드Siv Mansfield 였다.

BiG조합은 많은 협동주택의 임차자들에게 영감을 주어 예테보리에 이어 2003년에 뮌달에서 처음 시작되었고 뒤를 이어 다른 지역에서도 집중적인 작업그룹이 결성되었고 드디어 스톡홀름에서도 BiG조합이 결성되었다.

뮌달의 BiG조합에서는 2006년 7월, 44개 아파트를 가진 11층 건물을 뮌달의 비프로스트Bifrost지역에 새로 짓게 되었다. 이 주택을 보고 정치가들은 '사회적관계와 지원적인 이웃관계가 건강과 삶의 질을 향상시킨다'는 코하우징의 아이디어에 관심을 표명하였고 복지비용도 감소시킬 수 있다는 기대를 가지게 되었다.

개인 아파트

코르넷에는 개방형 평면으로 계획된 44개의 채광이 좋은 아파트가 있고 규모는 40제곱미터의 원룸형부터 70제곱미터의 2R+K까지 다양하다. 건물의 입면은 콘크리트 틀에 나무, 회벽, 3중 유리창으로 되어 있고 지붕은 골판지와 주석으로 씌워져있다. 각 아파트에는 설비가 좋은 부엌, 욕실, 거실, 침실이 있고 케이블 TV와 전화, 인터넷 사용이 가능하다.

모든 입주자는 자신의 아파트와 창고를 유지관리하고 수선할 책임이 있지만 냉·온수 파이프, 배수구, 난방, 전기, 물, 환기구의 수리는 이사회에서 책임진다. 개인 아파트의 실내디자인과 설치물을 변경할 때에는 반드시 이사회의 허가를 받아야한다. 그리고 주민들은 아파트를 거주 이외의 용도로 사용해서는 안 된다.

주택의 임대료는 면적에 따라서 5,100~7,000크로나(690,000원~950,000원) 정도이다. 수돗물은 임대료에 포함되어 있지만 전기료는 별도이다. 부가하여 1인당 연회비 1,000크로나(135,000원)를 지불하는데 가족이 많더라도 가구당 최대 2,000크로

그림 4-30
밝고 산뜻한 색채의
코르넷 개인주택 내부.

나(270,000원)로, 이 비용은 공동공간의 유지관리에 사용된다.

커먼하우스

코르넷에는 1층과 11층에 두 개의 커먼하우스가 있다. 1층에는 주민 모두가 함께 앉을 수 있는 넉넉한 규모의 식당이 있고 인접하여 소파, 안락의자가 놓인 거실, 그리고 작은 도서실이 있다. 그 외에도 설비가 좋은 운동실과 사우나실 그리고 2개의 손님방도 갖추어져 있다. 11층에는 TV를 보거나 영화를 볼 수 있도록 카우치가 놓인 방이 있고 테이블과 의자를 배치한 넓은 테라스도 있다.

주민들은 커먼하우스에서 매일 공동 저녁식사를 하고 여러 가지 활동도 함께 할 수 있다. 지하실에 자전거 주차장이 있고 1층에 공동세탁실이 있다. 조합에서는 열선이 설치된 주차장을 임대하여 겨울철에도 얼지 않는 편리한 주차공간으로 사용한다. 그리고 단지 내에 재활용과 퇴비장을 갖춘 친환경 쓰레기 처리장이 있다.

그림 4-31
1층에 위치한 커먼하우스는 널찍한 규모의 공동거실, 식당, 부엌을 갖추고 있다.

그림 4-32 커먼하우스에
게시된 주민 공지사항.

그림 4-33
11층의 커먼하우스에는 카우치가 놓인 휴게실이 있어서 주민들이 담소하기에 좋다
(자료: www.bolgemenskap.nu/BiG/Kornetkooperativ hyresrättsförening).

주민

코르넷에는 다양한 연령의 주민 50명이 거주한다. 코르넷에 입주하기를 희망한다면 먼저 입주위원회에 신청하여 주택을 둘러본 후 관심이 있으면 회비 1,000크로나(135,000원)를 지불하고 조합에 가입한다. 빈집이 생기면 입주위원회에서 연락을 하고 신청자와 면담을 한 후 입주를 결정한다. 조합가입과 임대계약이 완료되면 임대료를 지불하고 입주하게 된다.

공동활동

코르넷 공동활동의 중심은 공동식사이다. 주민들은 돌아가며 취사당번을 맡아서 식사준비를 하고 조리와 설거지까지 맡는다. 조리작업은 누구나 의무적으로 참여해야하는 활동이고 당번은 6주에 한 번씩 돌아온다. 월요일부터 금요일까지 주중 매일 저녁에 열리는 공동식사에 참여하는 것은 의무가 아니지만 공동식사는 매일의 식사준비 걱정을 덜어주므로 코하우징 주민에게는 중요한 활동이다. 취사당번이 아닌 주민들은 직장에서 돌아와 하루를 마감하며 이웃들과 이야기하고 편하게 앉아서 잘 준비된 식사를 한다.

코하우징의 공동생활을 유지하기 위하여 코르넷에는 다음과 같은 4개의 작업그룹이 있다. 작업그룹은 자신이 흥미 있는 부서를 선택하여 가입한다. 이러한 방법으로 그룹에 가입하는 것은 개인으

로 보면 공동체에 대한 기여이고 다른 한편으로는 비슷한 흥미를 가
진 이웃들과의 만남을 마련해 주는 기회가 된다.

코르넷에 있는 4가지의 작업그룹은 다음과 같다:

🔺 정보와 마케팅그룹 – 코르넷 내·외부의 정보를 담당한다.

🔺 주택관리그룹 – 건물의 내·외부와 정원을 관리한다.

🔺 가사그룹 – 주택의 재료, 가구 등을 구입한다.

🔺 복지그룹 – 공동체의 아이디어를 실현하고 공동작업에 대하
여 주민 모두가 만족하도록 노력한다.

그림 4-34
취사당번은 주민들이
순번대로 돌아가면서
맡는다(자료: www.
bolgemenskap.nu/
BiG/Kornetkooperativ
hyresrättsförening).

취미활동

코르넷에는 개인적 흥미에 따라 여러 가지 취미활동 프로그
램이 있다. 예를 들면 요가, 필라테스, 기공, 명상 등이 있고, 그 외
에도 청어 초절임, 왕새우와 함께 와인이나 술을 마시는 모임, 영
화를 함께 보고 탁구나 다트게임dart game을 하는 모임도 있다. 또한
어떤 모임에서는 이웃과 함께 답사나 외국여행을 가기도 한다. 이
와 같이 이웃과 함께 재미난 일을 하고 웃고 즐기며 사는 것은 생
활의 질을 높이고 인생을 즐겁게 만드는 일이다. 유머는 힘든 일
이 있을 때 이를 극복할 수 있는 힘과 용기를 준다. 따라서 공동체
에서 사는 일은 건강에 유익하고, 좋은 이웃과 접촉하며 사는 것
은 나이를 막론하고 누구에게나 중요한 일이라고 코르넷의 주민
들은 믿는다(http://www.bolgemenskap.nu/BiG/Kornetkooperativ
hyresrättsförening.).

2 슬로테트 코하우징 Slottet Cohousing-룬드

위치: 스웨덴 룬드(Lund)

주소: Kollektivhuset Slottet

Prennegatan 8A-B

223 53 Lund

Sweden

주택유형: 3층 아파트

주택수: 16개

주민수: 30명

입주연도: 1984년

소유형태: 공영임대

이메일: info@slottet.org

전화: +46 14 19 19

홈페이지: http://www.slottet.org

룬드Lund는 도시 규모에 비하여 스웨덴 전국에서 코하우징이 가장 많이 개발된 지역이다. 룬드의 도심지 프레네가탄Prennegatan에 위치하는 슬로테트 코하우징Slottet Kollektivhus은 1981년부터 3년간의 집중적인 작업을 거쳐 1984년 9월에 입주한 룬드 최초의 코하우징으로서 2017년 현재 33년의 오랜 역사를 지니게 되었다. 4층짜리 아파트로 되어 있는 슬로테트에는 16개 아파트가 있고 여기에 30명의 주민들이 살고 있다. 주변은 조용한 주택가이며 룬드 중앙역에서 도보로 10분 거리에 위치한 중심지역이다.

슬로테트 코하우징의 이념은 다음과 같다.

- 비전이 있는 주거공동체
- 공동 건축설계, 프라이버시 확보를 위한 공동공간과 개인공간사이의 절묘한 조화
-손과 마음으로 주거공동체를 직접 관리하는 공동관리자
-가족 같은 사람들과의 공동체적 삶

그림 4-35 룬드의 도심지에 위치한 슬로테트 코하우징 외관.

역사

슬로테트는 원래 더 오랜 역사를 지닌 공동체였다. 슬로테트 Slottet라는 이름은 영세민의 '성Slot: Castel'에서 유래된 이름이다. 이 주택은 약 90년 전인 1924년에 룬드 시정부에 의해 노동자 계층이 모여 사는 북쪽 지역에 저소득층의 노동자 가족들을 위하여 3층짜리 벽돌건물로 건축되었다. 사람들은 이 주택에 '북쪽의 성castle-the node' 이라는 이름을 붙였고 저소득층 24가족이 이주하여 살기 시작하였는데 178명의 어린이들이 함께 살았다. 이 주택에는 벽난로, 싱크대, 냉수, 식품창고가 있는 큰 공동부엌이 있었고 그 외 화장실, 세탁실 등의 다른 공간은 마당에 설치되었다. 그러나 각 개인주택은 침실 하나에 부엌이 딸린 소규모여서 식구가 많은 가정에서는 부엌이 때로는 침실로 사용되기도 하였다.

룬드 코하우징 공동체의 비전은 Kil(룬드 지방정부 산하 코하우징조합)에서 회원 각자의 지식과 경험을 기반으로 개발되었다. Kil조합은 무언가 다르게 살고 싶어 하는 강한 욕구를 가진 사람들에 의하여 구성되었다. Kil은 정치가, 시정부의 행정가와 언론매체를 통하여 다양한 경로를 탐색하고 지방정부와 많은 상호작용을 하였다. 회원들은 연구하고 탐색하면서 공동의 방안을 찾았고, 살고 싶은 주택의 이상을 실현하기 위하여 어떻게 작업할 것인가를 함께

그림 4-36
슬로테트는 많은 외국 방문객들로부터 관심을 끌고 있는 룬드모델의 대표적 코하우징이다.

의논하였다. 미래의 주민들은 룬드대학교와 시립도서관에서 2주에
한번 씩 모여서 주민은 누가 될 것인가? 임대료는 어떻게 감소시킬
수 있을까? 주민 간의 갈등을 최소화하려면 어떤 방안이 있을까?
등에 대하여 토론하면서 공동생활의 규칙을 만들었다.

　　최초에는 81명이 모여 조합을 만들었고 지방정부에게 코하
우징의 설립을 설득하기 위하여 부단히 노력한 끝에 드디어 3년 후
에 40명이 슬로테트로 이주하게 되었다. 슬로테트의 뒤를 이어 소위
'룬드 모델Lund Model'이라고 일컫는 코하우징 공동체가 연이어 설립되
었는데 렌보엔Regnbågen(19개 주택)과 피오렌Fioren(21개 주택) 코하우
징이 그것이다. '룬드 모델'이란 20개 이하의 주택을 가진 주거공동
체로서 미래의 주민들이 주체가 되어 코하우징을 조직하는 형태를
말한다.

　　그 후에 룬드에 다소 다른 유형인 '스톡홀름 모델'이라 할
수 있는 루시넷 시니어 코하우징Russinet senior cohousing(27개 주택)이
1999년에 설립되었다. 루시넷은 +55코하우징으로 연령이 55세 이
상인 주민만 입주하는 노후주택으로 시작되었으나 현재는 입주연령
을 더 낮추어 +40코하우징이 되었다.

개인주택

1984년 현재의 주민들이 입주하기 전에 주거단지는 전체적으로 감각적이고 모던하게 수리하여 24개의 아파트를 원룸형부터 5침실형에 이르기까지 다양한 크기의 16개의 아파트로 개조하였다. 개인 아파트의 평면은 코하우징그룹의 멤버인 5명의 건축가들과 협동하여 입주자가 직접 디자인하였고 건설작업도 손수 한 결과, 각 아파트는 한집도 같은 것이 없이 다르고 개성적이다.

주민들은 초기에 코하우징의 설계에 대한 기본적인 논의를 하고 비용을 절약하기 위하여 표면 마감재를 통일하였고, 일반적인 부엌 대신 소규모의 간이부엌으로, 욕조 대신 샤워로 대체하였으며 거실의 크기도 줄였다. 여분으로 설계한 다락방은 룬드의 대학생조합과 연결하여 대학생들에게 임대하고 있다.

그림 4-37
주민들의 취향에 맞게 다양한 구조로 개조한 슬로테트 개인주택의 내부.

그림 4-38 5층의 다락방은 대학생조합과 연계하여 룬드대학교 학생들에게 임대하고 있다.

커먼하우스

공동체의 생활은 함께 식사하고 이웃과 교제하며 좋은 공동체를 유지하도록 지원하는 공유공간의 종류와 기능에 따라 달라진다. 슬로테트에는 공동부엌, 식당, 거실을 갖춘 커먼하우스를 입구 가까이 1층에 배치하였고, 공동거실을 다락방에 하나 더 배치하여 2개이다. 그 외에 지하실에 세탁실, 샤워실, 사우나실, 손님방, 목공실 등을 배치하였다.

그림 4-39
슬로테트 커먼하우스 입구에 주민 공지사항을 위한 게시판이 걸려있다.

그림 4-40
슬로테트 커먼하우스 내의 다양한 공간.

공동활동

슬로테트와 같은 소규모 스케일의 코하우징은 즉각적이고 완전한 책임감을 가지게 해줄 뿐만 아니라 이웃 간에 지속적인 상호관계도 유지시켜준다. 주민들은 청소, 수선, 유지 등의 공동작업을 통하여 건물을 공동으로 관리한다. 그러한 공동작업은 일의 능률을 올릴 뿐만 아니라 이웃과의 관계를 좋게 해주므로 코하우징의 이념에 잘 맞는다. 이러한 공동활동을 위하여 슬로테트에는 아파트위원회와 생활위원회의 두 개의 위원회를 두고 있다.

주민들은 주민의 질과 주택의 투기방지에 대하여 집중적인 논의를 한다. 시내에 위치한 좋은 주택은 언제나 매력적이므로 의식적이든 무의식적이든 간에 투기의 대상이 될 수 있다. 그러므로 슬로테트가 시내중심지에 위치한 좋은 주택이라는 조건 때문에 공동생활에 관심이 적은 사람들이 주민으로 영입될 수 있는 점을 방지하고 주택을 통하여 이익을 추구하려는 동기를 막자는 것이다. 그러므로 위원회에서는 슬로테트의 주민으로서 반드시 수행해야 할 세 가지 의무조항을 규정하였다.

▲ 반년에 6번 공동 취사당번 참여. 그러나 식사는 의무가 아니다.
▲ 주택의 공동청소와 수선, 유지활동.
▲ 월 1회 주민회의 참석.

기본적인 공동활동은 계단과 주변청소, 그리고 취사작업이다. 취사당번은 당번을 맡을 날과 메뉴를 결정하고, 식품구입, 조리, 서빙, 접시 닦기, 식당 청소 등을 담당한다. 취사당번은 미리 식사할 사람과 희망하는 메뉴를 조사한다. 저녁식사비용은 25크로나(3,000원)로 고정되어 있고 식사비가 남으면 공동비용에 추가하고 모자라더라도 공동비용에서 충당한다.

취사작업은 하루에 5시간 정도가 소요되지만 대신에 당번이 아닌 다른 날에는 식탁에 앉아서 식사만 하면 된다.

공동생활의 어려움

공동으로 산다는 것은 반드시 동화와 같지는 않다. 공동체생활의 가장 중요한 점은 기존의 지역사회보다 다른 종류의 커뮤니티를 재창조하는 것이다. 슬로테트 주민들은 처음부터 함께 해 온 관계를 공유한지 어느새 33년이 되었다. 슬로테트가 시작될 당시에 주민이 40명이었으나 현재는 자녀들이 성장해 나가고 30명이 되었다. 처음 이주해 온 세대 중 4가구는 교체되었지만 코하우징은 처음 그대로이고 아직도 활동적으로 살고 있다. 슬로테트가 이렇게 오랫동안 코하우징 공동체를 유지해온 데에는 현실적으로 어려움이 있더라도 이웃 간에 협동하고 갈등을 해결하며 생활하려는 강한 의지를 실현했기 때문이다.

그림 4-41

대부분의 주민들이 아직도 그대로 살고 있는 슬로테트 코하우징의 초창기 주민들
(자료: www.slottet.org).

3 소피룬즈 코하우징 Sofielunds Cohousing-말뫼

위치: 스웨덴 말뫼(Malmö)

주소 : Sofielunds Cohousing(SOKO)

　　　Sofielundsvägen 71~72

　　　214 34 Malmö

　　　Sweden

입주연도: 2014년 12월

주택유형: 5층 아파트

주택수: 45개

주민수 : 120명

소유형태: 공영임대

홈페이지: https://kollektivhus.wordpress.com

이메일: info@sofielundskollektivhus.se

연락처: Kaisa Borjesson

　　　kajsaborjesson@hotmail.com

　　　+46 (0)73 064 7015

　　　Sara Hallström

　　　sara@anark.se

　　　+46 (0)073 650 7733

스웨덴 제3도시인 말뫼의 신주거지역인 소피룬드에 위치한 소피룬
즈 코하우징은 2014년 12월에 입주한 최신의 코하우징이다. 소피룬

즈 코하우징의 이념은 기존 아파트의 전형적인 형태를 타파하고 다양한 이웃과의 접촉을 강화하는 새로운 주거형태를 개발하는 것이었다. 주민들은 각자가 요구하는 사회적 활동을 조직하여 참여하고, 일상생활에서 이웃 간에 서비스를 교환하며 서로 돕고 지내는 것을 목표로 하고 있다.

소피룬즈 코하우징은 말뫼 코하우징협회에 의해 지어졌고, 협회는 지속적으로 신축이나 리모델링을 통하여 말뫼 시내에 더 많은 코하우징을 지으려고 노력하고 있다(https://kollektivhus.wordpress.com/). 소피룬즈 코하우징은 조합을 구성하여 말뫼의 공영임대주택회사인 MKB로부터 아파트 전체를 임대하였다. 조합은 주택회사와 공동으로 주택, 회원, 건물의 유지 관리에 대한 의사결정을 한다. 주택의 형태와 임대료는 조합에 의해 결정되는데 공동체 안에서 주민들의 자발적인 참여에 의해 임대료를 절감시키도록 노력한다.

소피룬즈 코하우징은 독특한 공동생활의 장점을 실현하기 위하여 규정을 작성하였고 규정에서 추구하는 세 가지 목표는 다음과 같다.

- 소피룬즈의 일상생활은 생태적이어야 한다.
- 소피룬즈의 일상생활은 경제적이어야 한다.
- 소피룬즈는 다양한 연령대와 배경을 가진 주민들이 골고루 섞여 살면서 즐길 수 있는 집이어야 한다(https://kollektivhus.wordpress.com).

그림 **4-42** 2014년 설립된 소피룬즈 코하우징은 5층 아파트와 2층 연립주택으로 구성되었다.

개인 아파트

소피룬즈에는 원룸형부터 5R+K(40~146제곱미터)까지 다양한 규모의 45개 아파트가 있다. 40개는 아파트 건물 안에 있고 5개는 정원을 가로질러 마주한 연립주택 안에 있다. 2015년 현재 아파트의 임대료는 월 5,430~15,163 크로나(약 733,000~2,047,000원)이다. 조합은 입주자에게 주택의 임대료와 주택의 변경에 대한 보험을 가입하도록 권유할 수 있다. 보험비용은 정상적인 가격에 기초하여 1인당 월 4,600크로나(598,000원)에 월 회비를 가산한다. 모든 주민이 지불해야하는 회비는 5,000크로나(약 675,000원)로, 최장 10개월에 나누어 분납할 수 있다. 이 비용은 만일의 주택손실에 대비한 것으로 퇴거할 때 환불해 준다.

각 아파트에서는 자기 집 앞의 복도에 개인가구를 내어놓고 화초를 가꾸면서 반 사적인 공간으로 사용할 수 있으며 여기에서 가끔 오가는 이웃들과 앉아서 담소를 즐길 수 있다.

그림 4-43
다양한 규모로 설계된 소피룬즈의 개인 아파트 입구와 내부.

그림 4-44
개인 아파트 앞의 복도는 가구를 내어놓고 반사적인 공간과 이웃과의 소통공간으로 사용된다.

커먼하우스

소피룬즈 코하우징에는 널찍한 규모의 두 개의 커먼하우스
가 있다. 하나는 중정에서 직접 출입할 수 있는 1층에 위치하고, 또
하나는 최상층인 5층에 위치한다. 1층의 커먼하우스에는 공동부엌,
식당, 어린이 공간, 세탁실, 작업실, 취미실, 운동실 등이 있고 5층
에는 TV실, 음악실, 손님방, 요가실, 사우나실 등이 있다. 음악실은
방음장치가 잘되어 있어서 이웃에게 소음 방해가 되지 않도록 세심
하게 계획하였다. 그 외에도 중정의 정원과 넓은 옥상테라스 등의
공유공간을 가지고 있다. 옥상에서는 채소나 화초를 가꾸고 시원한
여름날 저녁에는 식사나 파티도 할 수 있다.

그림 4-45
주민들이 공동으로 사용하는 옥상정원에서는 화초를 가꾸고 여름날 저녁에 파티도 할 수 있다.

그림 4-46
1층의 커먼하우스에 위치한 독서실, 공동작업실, 세탁실, 취미실.

그림 4-47

5층의 커먼하우스에는 음악실, 사우나실, 손님방 등이 있다.

주민

소피룬즈 코하우징의 전체 주민 수는 120명이고 이 중에 어린이가 20명 포함되어 있다. 2014년 12월에 입주를 시작하여 1년 후인 2015년 12월에 아파트는 모두 임대되었고 현재는 200명 정도의 대기자가 있다. 이렇게 많은 대기자가 있다는 것은 사람들이 코하우징에서의 생활에 대한 관심이 많다는 증거이다. 입주위원회에서는 다양한 주민 구성을 희망하지만 의도적으로 성별에 맞추어 입주자를 조정하지는 않는다. 그러나 신청자는 코하우징 입주 대기자로 신청하기 전에 규정을 잘 숙지하고 코하우징에 산다는 의미가 어떤 것인지를 잘 이해할 필요가 있다.

입주순서는 대기기간에 따라 결정되므로 코하우징에서 거주하기를 희망하는 사람은 우선 KiM(말뫼 코하우징협회)에 찾아가 신청서를 제출하고 입주신청을 해야 한다. 대기자로 신청하려면 비용이 연간 50크로나(약 6,750원)이고 대기자로서의 효력은 이 회비를 지불한 날짜로 부터 산정된다. 빈 아파트가 생기면 가장 오래 대기한 사람부터 입주위원회와의 면접을 통하여 주택의 조건이나 경제적 상황 등을 확인한 후 입주자로 결정된다.

코하우징의 외부에 사는 사람도 조합원이 될 수 있고 조합원이 되면 코하우징 내의 공동활동에 참여할 수 있는데, 이 경우 회비는 2,000크로나(약 270,000원)이고 조합을 탈퇴할 때에는 환불해 준다.

그림 4-48
소피룬즈 코하우징 중정에서 방문객들과 함께 한 주민들.

공동활동

소피룬즈에서는 공동식사가 이루어지는데 식사 참여인원은 1회에 약 60명 정도이다. 의무적으로 돌아가는 취사당번은 3주에 한 번씩 돌아오고 1회에 3~4시간 정도 작업한다. 1회 식비는 성인이 35크로나(4,700원), 어린이는 15크로나(2,000원)이며 만일 준비한 음식이 남는 경우에는 1인분 25크로나(3,400원)에 구입해갈 수도 있다. 현재 위원회에서는 전체 주민 120명 중에서 반 정도만 공동식사에 참여하므로 식사참가 인원이 너무 적다고 생각하여 앞으로 개선방안을 고려 중이라고 한다(주민 면담 자료 2016년 6월 15일).

4 스탁켄 코하우징 Stacken Cohousing-예테보리

위치: 스웨덴 예테보리 베리쇤(Göteborg Bergsjön)
주소: Kooperativa hyresrättsföreningen Stacken
　　　Teleskopgatan 2
　　　415 18 Göteborg
　　　Sweden
입주연도: 1980년, 2002년
주택유형: 8층 아파트
주택수: 35개
주민수: ?
소유형태: 조합소유
홈페이지:http://www.stacken.org
이메일: kontakt@stacken.org
전화번호: +46 (0)762 48 13 94

건축가 라스 오그렌Lars Agren이 설계한 스타켄 코하우징은 스웨덴의 제2도시인 예테보리의 교외지역 베리쇤Bergsjön에 위치한다. 스탁켄 의 주변은 숲과 공원으로 이루어져 있고 도보로 7분 거리에 전차 정 거장이 있어서 예테보리까지는 전차로 20분 걸린다.

1980년에 설립된 스타켄은 스웨덴 최초의 현대적 코하우징으로 유 명하고 현재의 코하우징은 2002년에 새로이 시작되었다. 현재의 주민들은 자치적으로 코하우징을 운영하여 흥미로운 삶의 터전을 만들려고 노력하고 있다.

그림 4-49

베리쇤의 숲과 나무로 둘러싸인 스탁켄의 주변 환경.

역사

스탁켄은 원래 1969년 베리쉰의 텔레쇼프가탄Teleskopgatan에 주거용 아파트로 지어진 건물이었다. 50년이 넘는 현재까지 건재하는 스탁켄의 건축디자인은 그 당시로는 매우 실험적이었다. 그러나 1960대 후반에서 1970년대 초에 걸쳐 이루어졌던 스웨덴의 100만 호 주택 건설운동의 결과로 1970년대 중반의 주택시장은 현재와 달리 미분양 아파트가 많았다. 예테보리 시에는 그 당시 2000호의 아파트가 비어 있었고 더욱이 교외지역에 6각형의 평면을 가진 8층 고층 아파트는 임차인들에게 인기가 없었다.

주택의 소유주인 예테보리쉠Göteborgshem 주택회사(현재 포세이돈 주택회사: Poseidon AB)와 특히 그 당시 회사간부였던 외란 울린Göran Ohlin은 이 주택에 유치원, 공동식당, 작업실 등의 공유공간을 설치하여 코하우징으로 전환할 것을 제안하였다. 1979년 5월에 관심 있는 사람들이 모여서 개인 아파트와 커먼하우스의 위치와 내용, 변경 등에 대하여 심도 있는 토론을 거쳐 예테보리쉠 주택회사와 제휴를 맺은 샬머스대학교 건축대학이 건물의 변경을 수행하였고 주택회사에서 재정적인 지원을 하여 스탁켄을 공동체 생활에 적합한 코하우징 건물로 보수하였다. 그리고 임차인들은 그 주택에서 공동체 생활을 하기로 계약하였다.

1980년 여름에 드디어 55명의 성인과 25명의 어린이들이 스

그림 4-50
라스 오그렌이 설계한 최초 스탁켄의 건축 실험-별모양 평면을 가진 8층의 고층아파트.

탁켄의 첫 번째 임차인으로 입주하였다. 주민들의 대부분은 교사, 서비스업 종사자 등으로 교육수준은 높으나 전문직이나 지위가 높지 않은 새로운 노동자계층으로 일반적인 임대주택의 임차인들과는 다른 특성을 가지고 있었다. 그들은 하루에 8시간 일하고 직업과 가정을 철저히 분리하는 생활양식을 가진 사람들로서 대안적인 생활양식과 인간관계, 환경에 관심이 많았다. 그러나 2000년에 예테보리쉠 주택회사는 스탁켄을 매도하기로 결정하였으므로 주민들은 조합을 결성하여 주택 전체를 매입하였다. 그 전에는 주택회사에서 관리 서비스를 제공하였으나 이제는 주민들이 스스로 주택관리를 맡아서 공동체 생활을 운영한다.

스탁켄의 개발역사에 대해서는 두 권의 책이 출판되었는데 하나는 샬머스 건축대학 교수인 클라에스 칼덴비Claes Caldenby와 오사 발덴Åsa Wallden이 집필한『코하우징 스탁켄』이고 또 하나는 스탁켄을 처음으로 설계한 건축가 라스 오그렌Lars Ågren이 쓴『스탁켄 코하우징, 시작부터 작동 1년까지의 일기』이다.

주민

1980년 스탁켄의 최초 입주자들은 공동체 생활을 통하여 가사노동을 줄이고 새로운 생활을 시도하려는 기능주의자들이었다. 그들은 매우 급진적 사고방식을 가진 젊은이들로서 특히 대학생들이나 혁신주의자들이 많았다. 그들은 높은 이상을 가지고 최초의 공동체생활을 실현하기를 희망하였으므로 생활에 많은 노력과 시간을 투자해야만 했고 특히, 어린이 양육에 대하여 많은 시간을 투자하였다. 그러나 후에 부모들은 과다한 시간을 어린이 양육 당번에 투자하는 것이 부담이 되어 현재는 3명의 전담 교사를 두고 한명의 부모가 당번으로 참여한다. 최초의 스탁켄은 10년간 빈집이 있었으나 지금은 대기자 리스트가 있다.

　　2002년에 새로이 코하우징을 시작하고 처음 입주한 주민들이 직장 또는 이웃과의 관계 때문에 많이 이주해 나가고 새로운 입주자들이 증가하면서 변화가 생겼다. 최근에 입주한 주민들 중에는 양부모 가족보다는 한부모가족 또는 1인 가구가 증가하였고 다문화가족이 많다. 특히, 이민자 가족의 경우에는 스웨덴어를 모르는 사람들도 다수 있어서 주민회의 운영이나 공동생활에 문제가 생기는 경우도 있다고 한다(2010년 5월, 주민 아노샤Anosha와의 면담).

그림 4-51
혁신주의자였던
스탁켄의 초창기 주민들
(자료: Dorit Fromm.1991).

그림 4-52
가구별로 다양한 취향을
반영하여 개조한
개인아파트 내부
(자료: www.stacken.org).

개인주택

스탁켄은 원룸형부터 6R+K의 35개 아파트로 구성되어 있으나 가장 일반적인 것은 2R+K～3R+K형이다. 주택의 평면은 1979년 건물을 변경할 때 거주자의 가족형태나 취향에 따라 건축가의 자문을 받아 변경하였으므로 각 아파트마다 다르고 색채나 인테리어 디자인도 매우 다르다.

스탁켄의 임대료는 전기료를 포함하여 62제곱미터의 경우에 3,325크로나(450,000원), 75제곱미터의 경우에 4,350크로나(590,000원)이다.

커먼하우스

스탁켄의 주 커먼하우스는 5층에 위치하고 1층에 하나가 더 있다. 5층에는 공동 식당, 부엌, 거실, 어린이 놀이방, 어린이 양육실, 공예실, 직조실, 도자기 공예실 등이 있다. 처음에 건물을 보수할 때 화재방지를 위해 소방차 사다리가 닿을 수 있으면서 8층의 아파트에서 골고루 접근하기 쉬운 5층에 위치를 잡고, 5층에 있던 기존 아파트를 터서 커먼하우스로 개조하였다. 별모양의 평면을 그대로 활용하다보니 식당은 너무 넓은 반면, 어린이 놀이공간은 너무 좁은 등, 불편사항도 있다. 식당이 너무 넓어서 아늑한 가정적인 느

낌보다는 시설적인 분위기라고 주민들은 아쉬워한다. 1층에는 입
구, 음악실, 청소년실, 창고, 운동실, 세탁실, 사진작업실, 공작실,
자전거 주차장, 카페로 사용할 수 있는 공간이 있다. 1층에서는 가
끔 축제도 열린다.

1층

1.입구
2.유모차수납
3.주계단
4.10대의 방
5. 세탁실
6.사우나
7.사진실
8.목공실
9.주택영선실
10.쓰레기처리실
11.음악실
12.창고
13.탁구,게임실
14.자전거주차장

5층

1. 식당
2. 부엌
3. 설거지실
4. 주간 보호
놀이방
5. 장난감 보관실
겸 명상실
6. 탈의실
7. 놀이 부엌
8. 육아용 조리실
9. 공예실
10. 육아 직원실
11. 편직실
12. 재봉실
13. 도자기실

그림 4-53
별모양으로 구성된 스탁켄의 커먼하우스 평면도(왼쪽: 1층, 오른쪽: 5층, 자료: Dorit Fromm.1991).

공동활동

스탁켄의 주민들은 코하우징의 주민으로서 작업그룹에 속하여 최소한 1주일에 2시간 동안 공동활동에 참여한다. 한 달에 한번 회의실에서 열리는 주민회의는 스탁켄 코하우징의 최고결정기간이다. 모든 주민은 안건을 미리 파악하여 회의에 참석하고 의사결정은 다수결로 한다.

　1년에 4번 있는 전체 작업일에는 주민 모두가 의무적으로 참여하여 주택의 대규모 작업을 처리한다. 최근에는 코하우징 전체가 어린이 양육, 음식과 간식준비 등에 관심을 가지고 매우 활동적이 되었다. 코하우징 설립이후 초창기에는 공동식사가 매일 열렸으나 최근에는 일주일에 한번 열리고 취사당번은 의무적으로 돌아가면서 맡는다. 전체가구의 30퍼센트 정도가 공동식사에 참여한다.

　스탁켄에서 운영되는 다양한 공동활동그룹은 다음과 같다.

　　▲ 회의그룹 – 주민회의를 소집하고 회의가 편하고 효율적이 되도록 노력한다.

　　▲ 청소그룹 – 코하우징을 깨끗하게 청소하고 유지한다.

　　▲ 정원그룹 – 정원과 쓰레기장, 퇴비장를 관리한다.

　　▲ 이사회 – 의사결정이 원활하게 이루어지도록 노력하고 재정적인 일도 맡는다. 이사회 산하에 경제팀도 둔다.

　　▲ 컨택contact그룹 – 아파트 임대를 맡아서 새로운 입주자를 만나고 선발하는 일을 한다.

　　▲ 코디네이션그룹 – 모든 일이 잘 운영되는지를 관리하고 코하우징 전체의 작업일을 정한다.

　　▲ 카페그룹 – 한 달에 두 번 있는 주민들의 모임에 간식을 준비

한다.

▲ 정보그룹 – 스탁켄의 소식지를 발행한다.

▲ 어린이그룹 – 어린이들을 위한 활동을 운영하고 어린이들이 어떻게 주택에 의해서 자극을 받을 수 있는지를 고려한다.

▲ 영선관리그룹 – 회사나 수선공들과 접촉하여 세탁기, 조명기구 수리 등을 포함한 주택영선관리를 맡는다.

그림 4-54
스탁켄의 공동식당에서 식사를 준비하는 주민.

그림 4-55 주민들 대화시간에는 카페그룹에서 간식을 준비한다.

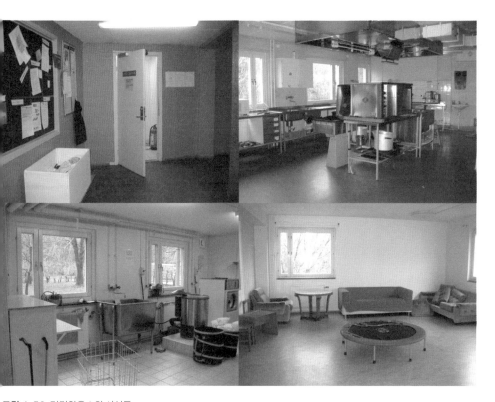

그림 4-56 커먼하우스의 시설들.

그림 4-57
친환경 주택의 개선사업은
영선관리그룹에서 전문가들을
고용하여 수행한다
(사진: www.stacken.org).

3 북미 코하우징 공동체의 사례
Examples of North American Cohousing Communities

1 퀴사이드 빌리지 Quayside Village-캐나다 밴쿠버

위치: 캐나다 밴쿠버(Vancouver) 도심
주소: 510 Chesterfield Ave
      North Vancouver, BC V7M 2L9
      Canada
입주연도: 1998년
주택수: 19개. 아파트와 테라스하우스
주민수: 36명(성인 28명, 어린이 8명)
소유형태: 자가와 임대
웹사이트: http://quaysidevillage.googlepages.com
이메일: quaysidevillage@gmail.com

1998년 8월에 완공된 퀴사이드 빌리지는 연령통합형 코하우징으로 캐나다 브리티시 컬럼비아British Columbia 주 밴쿠버 시의 중심지에 위치한다. 밴쿠버에서 수상버스로 15분이면 퀴사이드 빌리지에 도착할 수 있다. 밴쿠버 5번가 코너와 체스터필드 애비뉴Chesterfield Avenue에 접한 퀴사이드 코하우징의 부지는 대중교통, 쇼핑센터, 지역사회 서비스센터(도서관, 라이온게이트 병원, 전시장, 극장, 노스쇼어 주민센터 등), 그리고 밴쿠버 관광중심지와 가까운 곳에 위치한다. 집 바로 뒤에 있는 노스쇼어North Shore산은 여름에는 자전거타기와 트래킹으로, 겨울에는 스키타기로 유명하여 세계적인 명성을 가진 곳이다.

인근의 론스데일 퀴시장Loansdale Quay market에는 빵가게, 채소가게, 생선가게, 정육점, 제과점, 식당, 소매상 등이 즐비하고 10블록만 더 가면 다양한 국제적인 음식을 파는 40개의 레스토랑과 공원, 커뮤니티 가든도 있다. 또한 퀴사이드 코하우징 안에 주민이 직접 운영하는 공식적인 데이케어센터daycare center도 있다.

퀴사이드 빌리지의 이념은 지역사회를 중심으로 지속가능성을 추구하는 이웃들과 함께 공동활동과 식사를 나누며 살고자 하는 것이다. 그래서 주민들은 도심의 작은 중심으로서 정원을 가꾸고 자신들의 삶을 즐기기를 추구한다.

그림 4-58
캐나다 밴쿠버 도심에 위치하는 퀴사이드 빌리지의 입구와 4층의 테라스하우스.

개인주택

퀴사이드 빌리지는 1998년 7월에 코하우징 컨설턴트 팀인 커뮤니티 드림 크리에이터Community Dream Creator의 감독 하에 이루어졌다. 건축 디자인은 코트야드그룹Court Yard Group에 의해 수행되었고 브리티시컬럼비아British Columbia 수력발전 스마트 프로그램과 가스절약 프로그램에 맞추어 건설되었다. 부엌과 욕실에서 나오는 물을 변소에서 재사용하는 중수(中水) 재생 시스템을 설치하기 위하여 캐나다 융자은행과 주택회사에서 자금을 융자해주었다. 부지에 원래 있었던 건물재료인 하드우드 바닥, 목재 문, 스테인드글라스 창문을 커먼하우스와 개인주택의 실내디자인에 재사용함으로써 특징적인 디자인이 되었다.

퀴사이드 빌리지의 전체 면적은 1,620제곱미터로, 1999년 BC 주로부터 가장 훌륭한 저층 건물로 실버 조지 상Silver Georgie Award: Best Low-Rise Development을 수여받았다. 모든 개인주택에서 노스쇼어 산맥, 밴쿠버 도심, 버라드인렛, 라이온게이트 등의 파노라마 전경을 바라볼 수 있다. 모든 주택은 프라이버시와 공동체 사이의 균형을 유지할 수 있도록 회원들이 직접 디자인하였다. 아름답게 디자인된 개인주택에는 대부분 재활용 목재로 바닥을 깔았고 가스레인지, 에너지 절약형 벽난로, 욕조, 외부로 직접 나갈 수 있는 입구가 갖추어져 있다.

　　전체 19채로 구성된 주택은 원룸형부터 2R+K 규모의 아파트와 테라스하우스로 되어 있다. 1층 코너에는 작은 편의점이 있다. 퀴사이드 빌리지는 밴쿠버 시에서 '적정한 가격의 주택', '휠체어 이용가능 주택'으로 지정되었고 2R+K의 임대주택도 있다. 주택은 개인소유이지만 경우에 따라서는 임대도 가능하다.

그림 4-59
수목을 잘 가꾼 퀴사이드 빌리지 개인주택의 입구와 내부.

주민

입주는 1998년 여름부터 시작되었으나 1996년부터 코하우징의 아이디어를 전개하면서 공동체는 이미 구성되어 있었다. 퀴사이드 빌리지의 회원들은 다양한 배경을 가진 36명의 주민(성인 28명, 어린이 8명)들로 다양한 공동체를 구성하기 위하여 노력한 결과, 현재 공동체에는 각기 다른 인종, 문화, 영성, 가족유형이 포함되어 있다. 가족유형은 1인 가구, 부부, 갓난아기부터 청소년 자녀가 있는 가족들이 골고루 혼합되어 있다. 많은 주민들이 예술과 공무로 주변 지역사회에서 직업을 가지고 있고 과거에 교육계에 종사했던 주민들도 많은데 이것은 어린이들뿐만 아니라 공동체를 위해서도 큰 이익이 된다. 퀴사이드 빌리지는 어린 양육에도 좋은 환경이다.

주민들은 정해진 회비를 지불하여 공동시설을 운영하고 보다 많은 사람들이 공동활동에 참여하기를 독려한다.

그림 4-60
어린이들이 살기 좋은 환경인 퀴사이드 빌리지.

커먼하우스

퀴사이드 빌리지의 커먼하우스인 어번 코트야드Urban Courtyard
는 실내에 있는 교차로로 아이들이 놀기 쉽게 디자인하였다. 바닥
부터 최상층인 4층까지 물과 늘어진 포도넝쿨을 결합시켜 디자인한
건물은 어린이들에게 친근한 환경을 만들어주기 위한 시도이다. 이
곳에서는 주민들이 서로 만나 이야기를 나누고 지나가며 인사를 나
눌 수 있다. 커먼하우스의 중심에는 둥근 벽난로를 둘러싸고 단풍나
무 의자를 둥글게 배치하였다. 그리고 벽난로 위에는 특별한 물건을
넣어둘 수 있는 작은 추억상자들을 놓아두었다. 또한 라운지에도 붙
박이식으로 나무벤치를 놓아서 쉬거나 대화를 나눌 수 있도록 하였
다. 입구를 들어서면 공동 사무실, 원룸으로 된 손님방, 휠체어 출입
이 가능한 욕실, 세탁실, 공예실, 널찍한 컨츄리 스타일의 부엌과 식
당이 있고 지하에는 차고가 있다.

그 외에 남서향 코너의 4층에는 널찍한 데크deck와 8각형의 명
상실이 있는데 이곳에서는 독서도 할 수 있고 270° 전망으로 시내,
강, 산을 바라볼 수도 있다. 이 방은 원래 이 부지에 있었던 오래된
돔 마켓Dome Market의 돔을 재사용하여 8각형 방의 지붕 디자인으로 만
든 것이다.

그림 4-61

바닥부터 4층까지 늘어진 포도넝쿨과 물을 통합한 디자인은 어린이들을 위한 것이다.

그림 4-62

4층에 위치한 데크와 8각형의 명상실.

그림 4-63 입구를 들어서면 마주치는 공동거실 어번 코트야드의 벽난로는
개조 이전부터 있었던 시설을 그대로 이용한 것이다.

그림 **4-64**
1층에 위치한 컨트리 풍의
공동식당과 부엌.

그림 **4-65**
커먼하우스 앞의 중정.

공동활동

주민들은 공동활동이 의무는 아니지만 가능하면 많은 사람들이 참여하기를 권장한다. 주민들은 만장일치제로 의사결정을 한다. 주중 몇 차례의 공동식사가 열리고 축제일에는 여러 가지 흥미로운 행사가 열려 모든 주민들이 함께 즐긴다.

2 윈드송 코하우징 Windsong Cohousing-캐나다 랭리

위치: 캐나다 브리티시 컬럼비아(British Columbia)주
    랭리(Langly) 교외지역
주소: Windsong Cohousing 20543 96th Ave.,
    Langley, BC V1M 3W3,
    CANADA
입주연도: 1996년
주택수: 34개. 타운하우스
주민수: 약 100명
소유형태: 개인소유. 임대
홈페이지: http://windsong.bc.ca
이메일: Valerie Melntyre. valerie333@windsong.bc.ca
방문연락처: maureenb212@gmail.com
    전화: +1 778-997-1993
    susan@leadteam.com
    전화: +1 604-882-2092

윈드송 코하우징은 1996년에 설립되어 다양한 연령대의 주민들이 서로 이웃을 돌보며 살면서 대가족의 일원이 된다.

윈드송은 캐나다 브리티시컬럼비아British Columbia 주 밴쿠버 시에서 동쪽으로 자동차로 45분 걸리는 랭리Langley의 월넛 그로브Walnut Grove에 위치한다. 주변에는 가까운 거리에 공공도서관, 수족관 등이 있다. 차로 5분 거리에 낚시하기 좋은 프래서Fraser강, 피크닉과 숲길 산책이 좋은 더비리치 공원Derby Reach Regional Park이 있다. 가까운 상업지역인 월넛 그로브에는 의원, 치과, 데이케어센터, 슈퍼마켓, 헬스용품 가게, 유기농 식품가게, 약국, 우체국, 세탁소, 주유소, 술가게, 음식점들이 있다. 백화점과 소매상들이 있는 랭리 도심도 집 앞에 있는 기차로 15분 거리이다. 자동차로 5분 거리 이내에 초·중등학교, 15분 거리에 대학교가 있다.

윈드송은 입주한 후 얼마 안되어 캐나다의 '최우수 친환경주택상'을 수상하였고, 에너지 절약과 지역환경을 보호하려는 노력을 인정받아 도시개발위원회로부터 '최우수 도시건축상Excellence in Urban Development'도 수상하였다.

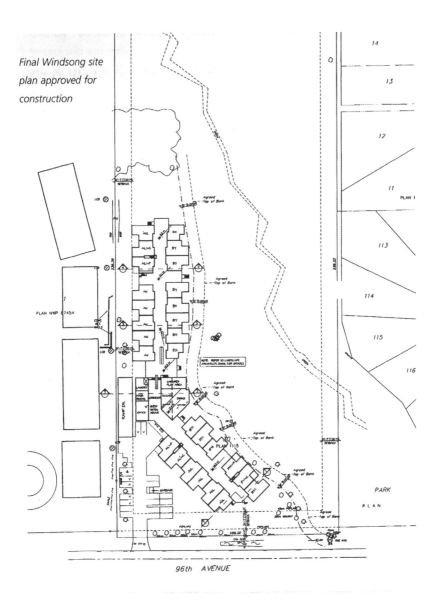

그림 4-66

윈드송 코하우징 배치도(자료: C.ScottHanson and K.ScottHanson, 2004).

그림 4-67 방문자를 환영하는 윈드송 코하우징 입구.

그림 4-68 지붕을 유리로 덮어 주민활동을 도모한 윈드송의 보행자 도로.

개인주택

미국 코하우징 회사Cohousing Architects Company의 매카멘트와 듀렛 McCamant and Durrett이 설계한 윈드송의 디자인은 공용공간과 개인공간이 균형을 이루고 있다. 윈드송에는 34채의 타운하우스와 중앙에 아름답게 디자인된 커먼하우스가 있고 주변으로 정원과 숲이 있다. 타운하우스는 가운데 보행자 도로를 두고 2열로 서로 마주보게 배치하였고, 보행자 도로는 온실처럼 유리지붕을 덮었다. 이러한 유리지붕은 비가 많이 오는 캐나다 서해안 기후에서 비가 오는 날에도 사람들이 비를 맞지 않고 거리에 나와서 이야기하고 걷고 놀 수 있기 때문에 이웃 간의 상호작용을 촉진 시킨다

윈드송의 개인주택 평면은 1R+K형부터 4R+K형까지의 3종류가 있다. 각 개인주택에는 독립된 현관과 부엌이 있고 각 주택 사이에는 방음장치가 잘되어 있다. 주택의 부엌은 보행자 도로를 향하고 반대로 거실과 주 침실은 후면의 녹지공간을 향하도록 배치하여 효율적인 공간사용을 강조하면서도 한편으로는 프라이버시를 확보하여 편하고 안락한 실내공간을 만드는 데 역점을 두었다. 전면의 현관문은 주 아트리움 거리를 향하고 대부분의 주택은 지하실용 출입구를 따로 가지고 있다.

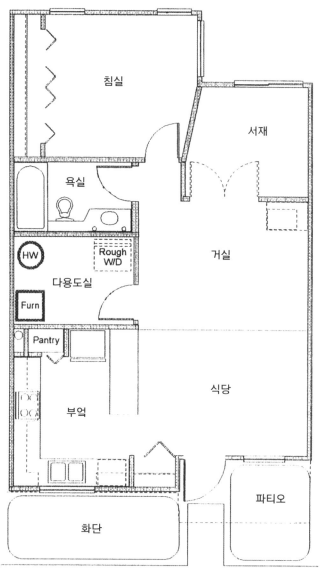

그림 4-69-1 윈드송 1R+K의 1층 개인주택 평면도(64제곱미터)
(자료: www.windsong.bc.ca).

1층

2층

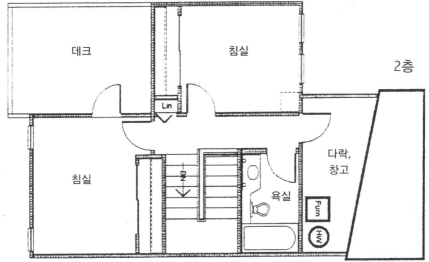

그림 4-69-2 윈드송 3R+K의 개인주택 평면도(112제곱미터).

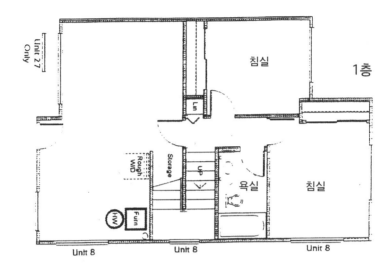

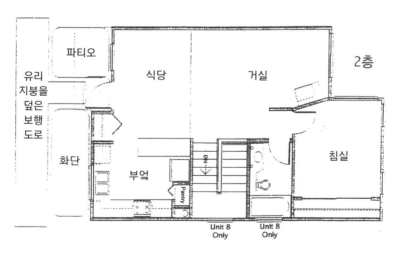

그림 4-69-3 윈드송 4R+K의 주택평면도(123제곱미터).

그림 4-70 윈드송의 주택 내부.

그림 4-71 개인주택의 앞면에는 개인가구를 내어놓고 반 사적인 공간으로 사용한다.

커먼하우스

윈드송 코하우징 단지는 내·외부가 모두 아름답다. 전체 면적 23,467제곱미터 중 7,280제곱미터만 개발하고 16,187제곱미터의 옥외공간은 자연 상태 그대로 두었다. 욕슨크릭 강이 숲과 늪지를 지나 윈드송의 구내로 흘러가므로 새, 물고기, 곤충, 여러 가지 자연 수목이 식생 한다. 단지에는 또한 유기농 정원, 잔디밭, 과수원, 어린이 놀이터가 있다.

465제곱미터의 커먼하우스에는 대량취사가 가능한 부엌, 식당, 벽난로, 어린이 놀이방, 옥외 놀이터, 공예실, 작업실, 세탁실, 공동사무실, 이사회실, 다목적실(운동실), 미디어실, 손님방, 샤워실 3개, 휠체어용 경사로, 그리고 지하 주차장 등이 포함되어 있다.

건물의 디자인에 에너지절약 시스템을 채용하여 절수형 화장실과 친환경 건축재료를 사용함으로써 지속가능한 생활을 추구하였다. 쓰레기의 재활용을 위하여 퇴비용 통이 남쪽과 북쪽의 정원에 놓여있고 종이, 유리, 깡통, 플라스틱 등을 재활용하기 위한 통은 중앙 쓰레기수집장 근처에 배치하였다.

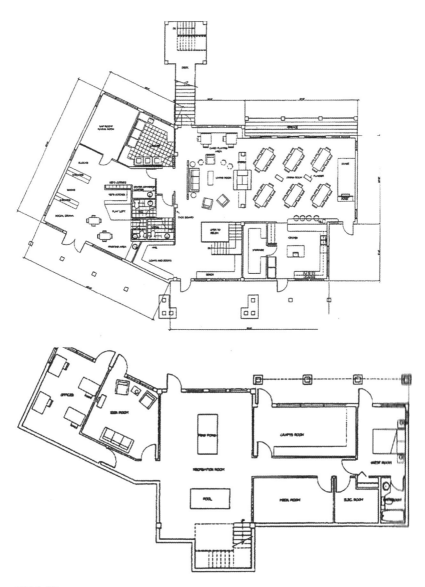

그림 4-72

윈드송 커먼하우스의 평면도(위: 1층, 아래: 2층)

(자료: C.ScottHanson and K.ScottHanson, 2004).

그림 4-73
주민들이 가꾸는
유기농 텃밭.

4-74 윈드송 커먼하우스 입구.

4-75 커먼하우스의 시설. 어린이 놀이방과 탁구대.

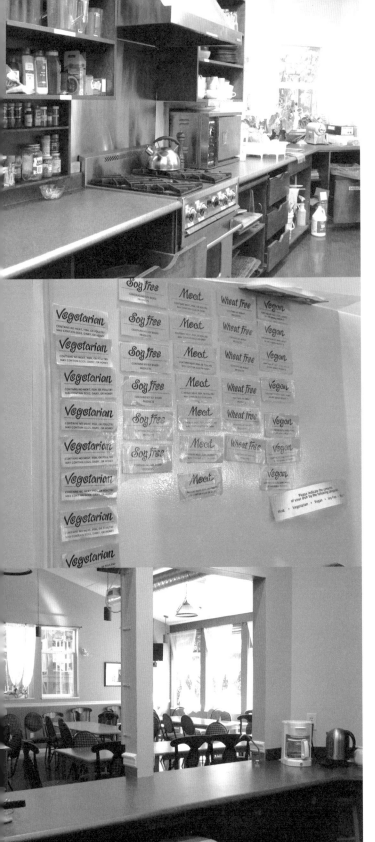

그림 4-76
다양한 메뉴를 갖춘
공동부엌과 식당.

주민

윈드송의 주민들은 공동체 생활, 옛날식 마을을 연상시키는 다양한 세대로 구성된 활기찬 코하우징을 구성하는 데 가치를 두고 이를 위해서 각 개인이 가진 독자성과 다양성을 존중하고 공동체와 환경을 위한 책임감을 존중한다. 윈드송은 특히 이웃 간의 소통을 촉진하는 건축디자인을 하여 주민들 간에 협동과 우정을 촉진하고 상호작용을 지원함으로써 공동체 생활을 풍요롭게 하고자 한다. 윈드송의 주민들은 갓난아기부터 노인에 이르는 다양한 연령대로 90~100명 정도이다. 공동체에는 학생, 교사, 은퇴자, 조산원, 채식주의자. 외부활동가, 의사, 건축가, 배우, 운동코치, 컴퓨터 전문가, 정원사, 작가, 전기기술자, 기업가, 양봉업자, 경찰, 상담원 등으로 매우 다양한 직업을 가진 사람들이 살고 있다. 이러한 다양성은 각 개인이 가진 특성을 공동체의 자치적 운영과 생활에 중요하게 기여함으로써 공동체 생활에 균형을 유지해준다.

윈드송의 많은 주민들은 재택근무를 하고 있고 윈드송에서는 다음과 같은 방법으로 재택근무를 지원해준다.

▲ 저렴한 비용으로 각 주택 내에 초고속 인터넷 접속
▲ 'windsong.bc.ca'를 이용하는 이메일 주소 사용

▲ 널찍한 공동사무실

▲ 공동 팩스기

윈드송의 주민들이 종사하는 재택근무의 예는 다음과 같다.

▲ 채식주의자 되는 방법 – 영양학 컨설팅

▲ 코하우징 투자펀드

▲ 생태건축전략 – 지속가능한 건축기술 자문

▲ 해밀 스튜디오 – 미술전문가

▲ 아동도서 작가

▲ 비전 정보시스템

▲ 리더쉽 트레이닝

▲ 채식주의자용 B&B 숙박업

그림 4-77 윈드송 주민들이 종사하고 있는 재택근무.

그림 4-78 다양한 연령대로 구성된 윈드송의 주민들.

공동활동

주민들은 휴일에 모두 모여 자신들이 직접 기른 유기농 채소로 풍족한 음식을 준비하여 라이브 음악과 재미난 오락을 즐긴다. 그러나 공동활동 참여는 의무가 아니고 선택이며 개인적 프라이버시와 가치를 존중한다.

윈드송의 공동활동에는 다음과 같은 내용들이 있다.

- ▲ 영화상영의 밤과 독서토론
- ▲ 운동과 피트니스fitness
- ▲ 음악감상과 연주
- ▲ 연극과 장기자랑
- ▲ 생일, 결혼식과 특별행사의 축하잔치
- ▲ 휴일의 특별음식, 문화축제
- ▲ 다양한 워크숍
- ▲ 요가클래스

작업그룹과 공동체 관리

윈드송의 주민들은 자가 소유자나 임차자를 막론하고 모두 매달 첫 번째 금요일에 만나서 공동체의 당면 과제에 대하여 논의하고 제안을 받거나 의사결정을 한다. 대부분의 회원들은 미리 위원회별로 만나 월례회에서 논의할 안건을 제안한다. 의사결정은 과반수 찬성 대신에 만장일치제를 사용한다. 만장일치제는 결정에 시간이 오래 걸리지만 그 과정에서 상대방의 관점을 깊이 생각해볼 수 있고 구성원 모두가 희망하는 결정을 하여 만족도를 높이기 위한 것이다.

윈드송에서는 주민들의 자발적인 참여를 통하여 건물유지관리, 청소, 정비, 외부와의 네트워크 관리를 수행한다. 주민들은 자기가 좋아하는 팀에 속하여 최소한 한 달에 3시간을 작업하거나 개인 사정상 그것이 어려우면 그에 상당하는 가격을 지불한다. 이 시스템은 윈드송 공동체의 건물유지비를 낮추고 한편으로는 공동활동을 통하여 주민 간에 공동체의식을 높여준다.

윈드송의 운영과 관리는 신뢰와 잦은 소통을 필요로 한다. 이메일그룹은 이메일로 현재 논의되는 내용과 공지사항을 주민들에게 알린다. 또한 공동체 소식지를 이용하기도 하고 자주 대면할 기회가 많으므로 직접 대화로 소통하기도 한다.

그림 4-79 윈드송 주민들의 여러 가지 공동활동(자료: www.windsong.bc.ca).

그림 4-80

윈드송 코하우징 방문객들과 함께 한 주민대표.

3 윈슬로 코하우징 Winslow Cohousing-미국 브리스베인 아일랜드

위치: 미국 워싱턴(Washington)주 베인브리지섬
(Bainbridge Island)
주소: Winslow Cohousing Group
　　　353 Wallace Way NE
　　　Bainbridge Island, WA 98110,
　　　USA
입주연도: 1992년
주택수: 30개. 2층~4층 타운하우스
주민수: 약 80명
소유형태: 조합소유
홈페이지: www.winslowcohousing.org
이메일: Lori Arakaki. loriarakaki0@gmail.com
전화: +1 206 780 1323

원슬로 코하우징은 미국의 서부 도시 시애틀Seattle에서 워싱턴 페리로 35분 걸리는 퓨젯만Puget Sound의 베인브리지섬에 위치한다. 이곳에는 숲과 정원을 포함한 24,280제곱미터의 대지에 30개의 타운하우스와 1개의 커먼하우스가 있다. 베인브리지는 16,000명의 주민이 거주하는 활기찬 섬으로 작은 마을과 같은 분위기를 가지고 있다. 이 섬에 사는 대부분의 주민들은 시애틀 중심가에 직업을 가지고 매일 페

리로 통근한다. 원슬로 코하우징에서 걸어갈 수 있는 거리에 학교, 상점, 도서관, 병원이 위치한다.

원슬로는 다양한 연령층의 사람들이 어울려 사는 연령통합형 코하우징이다. 주민들은 서로를 돌보고 지원하면서 환경오염을 적게 하는 친환경적 생활에 가치를 둔다. 대지의 숲은 자연보호구역으로 남겨두었고 전기 자동차를 함께 사용한다. 건물은 서로 인접되게 클러스터cluster형으로 설계하였고 주차장은 옥외공간을 확보하기 위하여 입구 한쪽에 모아서 배치하였다. 주택들은 포장도로로 연결되고 보행자 도로를 통하여 이웃집과 연결된다. 모든 건축물은 엄격한 에너지절약 환경지침을 지켜 건설하였고 복사난방방식으로 바닥을 덥힌다. 환경보존을 위하여 쓰레기 재활용과 퇴비를 만드는 프로젝트도 실행하고 있다. 앞으로 태양열 시스템을 도입하려고 준비 중이다.

원슬로는 정치적이나 특별한 이데올로기를 가지지 않는다. 주민들은 이웃의 다양한 요구에 민감하게 반응하고 이웃이 가진 서로 다른 견해와 신념을 존중하고 수용한다. 지구에 흔적을 적게 남기고 주민 한 사람 한 사람이 지역사회 안에서 동등한 가치를 인정해주며 사는 것이 원슬로의 이념이다.

그림 4-81 미국 북서부 지방의 청회색 하늘을 반영하여 청회색의 타운하우스로 구성된 원슬로 코하우징 전경과 입구의 자동차 주차장.

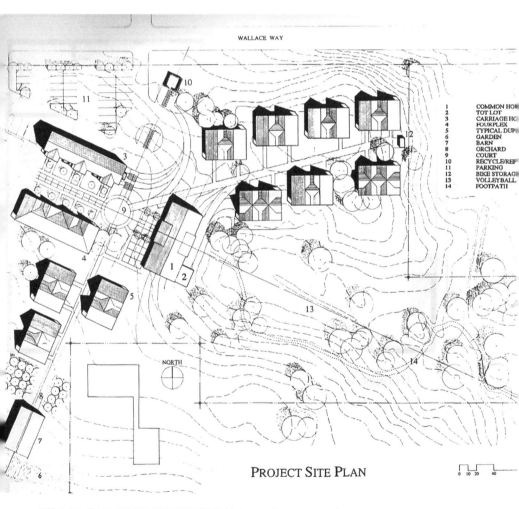

그림 4-82 윈슬로 코하우징 단지 배치도(자료: McCamant & Durrett, 1994).

역사

오늘날의 주택개발은 비용이 많이 들고 복잡한 과정을 거친다. 윈슬로는 주민들이 스스로 코하우징을 개발할 수 있다는 사실을 보여준 좋은 사례이다. 윈슬로는 조합소유의 코하우징이다. 윈슬로는 자체 내에 다양한 주택 전문가가 있었으므로 외부의 전문가를 고용하지 않고 자체적으로 코하우징을 개발함으로써 비용을 줄이고 소유권에 대한 자긍심도 키우는 결과를 가져왔다.

윈슬로의 개발은 회원 중의 한 명인 크리스 한슨Chris Hanson에 의해 시작되었다. 그는 북서부 커뮤니티 하우징 재단Northwest Community Housing Foundation의 공동대표였기 때문에 동기부여뿐 아니라 그의 경험과 지식이 윈슬로의 개발에 많은 도움이 되었다. 그러나 주민에 의한 자체적인 개발은 비용절약과 공동체 정신을 강화시킬 수 있었지만 한편으로는 갈등도 발생하여 예상보다 시간이 오래 걸렸고 극복할 문제도 많았다. 그러므로 필요시에는 외부 컨설턴트를 고용하여 도움을 받기도 하였다.

최초의 그룹은 1989년에 결성되어 3년간 매주 토요일에 만나서 온종일 회의를 하였다. 개발 중 대지구입은 순조롭게 이루어졌고 대지가격도 올랐다. 설계는 에드워드 웨인슈타인 설계회사Edward Weinstein Architects Company에서 맡았고, 1991년에 건설을 시작하여 1992년 4월에 드디어 입주하였다. 주민들은 입주 후 자신들의 활동에 성취

감을 느꼈으나 긴 준비과정에 너무나 지쳐서 최초 몇 달 동안은 일주일에 한 번밖에 공동식사를 하지 못하다가 차츰 원상으로 회복되었다.

주민

윈슬로의 주민들은 유아, 청소년, 성인, 노인에 이르기까지 다양한 연령대의 30가족이 살고 있다. 단지 내에는 30명의 어린이들이 있다. 대지 안에 차가 들어오지 않으므로 어린이들은 교통으로부터 안전한 곳에서 놀 수 있고 사람들은 걸어서 이웃을 쉽게 방문할 수 있어서 어린이 양육에 매우 좋은 환경이다. 많은 주민들이 인근의 시애틀로 출퇴근하지만 3분의 1의 주민들은 재택근무자들이다. 대부분의 사람들이 사회활동과 자극을 위해 다른 사람들과 함께 일하는 사무실에서 근무하지만 만일 주택환경이 사회적이고 좋은 이웃과 함께 할 수 있다면 재택근무에서도 창의적이고 생산성이 높은 작업을 할 수 있다. 윈슬로의 주민들은 공동체 안에서 각자의 개성을 상호 존중하고 민주적으로 살기를 희망한다.

그림 4-83 커먼하우스 앞에서의 윈슬로 주민들(자료: www.winslowcohousing.org).

개인주택

윈슬로는 조합소유 주택이므로 조합의 회원으로 가입하고 협동주택 이사회에서 주택의 지분과 커먼하우스, 공유공간의 지분을 구입하여 소유한다. 건물은 미국 북서부지방의 청회색 하늘색을 반영하여 외관을 청회색으로 하였고 복층형과 단층형의 타운하우스를 클러스터형으로 계획하였다.

개인주택은 46.6제곱미터의 1R+K형부터 130제곱미터의 4R+K형까지의 타운하우스 24개와 6개의 아파트가 있다. 각 주택에는 널찍한 규모의 침실, 거실, 부엌, 식당, 세탁실 등이 갖추어져 있다. 주택평면은 표준화하였으나 인테리어는 각 소유자의 취향대로 다양성을 추구하였으므로 비용이 상승되었다.

그림 4-84 윈슬로 개인주택의 앞마당.

2침실 복층형 윈슬로 주택평면도

4침실 복층형 윈슬로 주택평면도

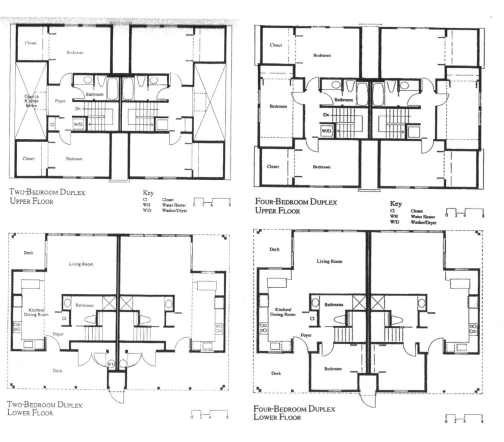

그림 4-85 윈슬로 개인주택 평면도(자료: McCamant & Durrett, 1994).

그림 4-86
거주자의 개인적 요구를 반영하여
디자인된 개인주택 내부.

그림 4-87 단지 안에는 자동차가 없어서 어린이들이 안전하게 놀 수 있는 보행자 도로가 있다.

커먼하우스

500제곱미터의 커먼하우스는 대지 중앙에 배치되어 공동체의 중심적인 역할을 한다. 누구나 낮뿐만 아니라 퇴근길에도 들러서 커먼하우스에서 무슨 일이 있는지 들여다볼 수 있다.

커먼하우스에는 1층에 공동부엌과 식당, 식품창고, 도서실, 화장실, 데크 등이 있고 지하실에 어린이 놀이방, 청소년 방, 세탁실, 오락실, 창고가 있다. 세탁기는 각 주택에 설치하지만 자기 집에 세탁기를 두고 싶지 않은 사람들은 세탁실의 공동 세탁기를 사용한다. 설비를 잘 갖춘 어린이 놀이방에는 어른들이 들어오기도 하고, 재택근무를 하는 주민들에게는 커먼하우스가 낮 동안의 좋은 휴식 장소가 되기도 한다.

커먼하우스의 식당은 처음에 높은 천장을 단단한 재료로 마감하여 어린이들의 소음이 너무 시끄러워 일부 주민들이 공동식사에 참여하지 않는 경우도 있었으나 나중에 음향전문가의 도움으로 소음 문제를 해결하였다. 아래층에 어린이 놀이방을 배치한 것은 어린이들의 소음을 줄여 부모들이 편히 쉴 수 있도록 의도한 것이다. 그러나 나이어린 아기를 가진 부모들은 계속 왔다갔다 하면서 어린이를 관찰해야 했으므로 나중에는 어린이 당번을 두기로 결정하였다.

정원에는 과수원이 있고 4,050제곱미터의 숲, 어린이 놀이터, 도자기 작업실도 공동으로 사용된다.

그림 4-88 대지 중앙에 배치되어 누구나 접근성이 좋은 커먼하우스.

그림 4-89 공동생활을 위한 모든 시설이 갖추어진 커먼하우스의 내부.

공동활동

윈슬로에서는 공동체 운영을 위하여 매달 한번, 둘째 토요일 이나 일요일에 주민회의를 개최한다. 의사결정은 만장일치제로 하고 회의주관은 각 위원회가 돌아가면서 맡는다.

윈슬로는 자치관리이기 때문에 회원 각자가 공동체 운영에 참여하기를 기대한다. 윈슬로는 5개 작업그룹(행정, 입주나 커뮤니케이션, 정원 관리, 건물 유지관리, 커먼하우스 관리)에 의해 자치적으로 운영되는데 모든 성인 회원은 이 중 한 그룹에 의무적으로 소속되어야하고 각 그룹은 매달 모여 몇 시간씩 작업한다. 그 외에 각 개인은 순번대로 매주 토요일 아침에 커먼하우스 청소를 맡는다. 윈슬로는 조합주택이므로 재정위원회가 있어서 각 회원은 돌아가며 재정업무도 맡는다.

윈슬로의 공동활동 중 중요한 것은 공동식사, 주민회의, 작업그룹에 참여하는 것이다. 연중 공동저녁식사는 주 5일(일~목)간 열리고 여름에는 수요일에 공동식사가 없다. 공동식사 참가는 의무는 아니지만 희망하면 미리 예약해야 하고 공동식사를 할 사람은 모두 조리와 설거지 활동에 순번대로 참가해야 한다. 윈슬로의 주민들은 직장에서 퇴근하거나 외출에서 귀가했을 때 번거로운 식품구입, 조리나 설거지를 하지 않고도 공동식사에 참가할 수 있어서 이를 큰 안식으로 생각한다.

어린아이를 둔 부모들은 오전과 오후에 당번으로 나누어 커먼하우스에서 어린이들을 돌본다. 각 당번들은 성인 한명이 3명의 어린이를 돌보는데 부모들이 팀을 짜서 함께 6~8명의 어린이를 돌보기도 한다. 한편, 어린아이가 없는 집에서는 이웃의 어린이들에 둘러싸여 사는 행복감을 느낄 수도 있다.

그림 4-90
원슬로의 모든 연령의 주민이 함께 참여하여 공동식사를 준비한다 (자료: McCamant & Durrett, 1994).

그림 4-91
원슬로 코하우징 커먼하우스에서의 공동식사 (자료: www.winslowcohousing.org).

입주 절차

윈슬로에서는 새 회원을 맞이할 때 구체적인 절차와 규정을 마련하여 공동체에 적합한 회원을 영입하도록 노력한다. 입주위원회에서는 잠정적인 새 회원이 윈슬로의 이념과 실체를 이해하고 입주를 결정할 수 있도록 오리엔테이션을 실시하고 공동체의 여러 가지 활동을 미리 경험 할 수 있는 기회를 제공한다. 지원자가 범죄사실이나 신용정보에 이상이 없다면 특별한 선출절차는 없다.

그림 4-92
윈슬로 입주신청자를 위한 안내서의 예
(자료: Chris & Kelly ScottHanson, 2005).

Winslow
Cohousing Core Group
of Bainbridge Island

STATEMENT OF PURPOSE

IT IS THE INTENT OF THE WINSLOW COHOUSING CORE GROUP TO DEVELOP A COHOUSING PROJECT IN WINSLOW, WASHINGTON.

THE COHOUSING CONCEPT: The concept of Cohousing presented by Kathryn McCamant and Charles Durrett in their book Cohousing, shall be used as the basis for our mutual understanding of this new term. They have described it as:

"Cohousing developments consist of individual family dwelling units and a large common house situated in a pedestrian oriented environment. Most community facilities are located at the common house usually include a common dining room and kitchen, children's playrooms, workshops, a living/meeting room, guest rooms, laundry facilities, a cooperative store, a photo darkroom, a music room and perhaps garden areas. Although each individual house has a complete kitchen, common dinners are available for those who wish to participate. Dinner often becomes an important aspect of community life for both social and practical reasons. The common house provides a place for a wide variety of activities which range from organized childcare to spontaneous afternoon teas with the neighbors."

WE FURTHER INTEND THAT OUR COHOUSING SHALL INCLUDE THE FOLLOWING:

PARTICIPATORY PROCESS: The future residents of our Cohousing development shall organize, plan, and participate in the design process of our development. We are responsible as a group for all final decisions.

INTENTIONAL NEIGHBORHOOD DESIGN: It is our intention that the physical design of our Cohousing development will facilitate a sense of community, and that the practical and social activities of our residents shall also further that end. Our community will be a pedestrian environment with overnight parking segregated from the residential area.

EXTENSIVE COMMON FACILITIES: It is our intent to design the common areas of our Cohousing development in order to make them an integral part of the community. We intend to use them on a daily basis, and to have them provide a practical supplement to our private dwellings. Our common facilities shall include but not be limited to; dining area, kitchen and guest rooms.

SELF MANAGEMENT: It is our intent that all decisions of common concern to our group shall be made by members of the group before, during and after development. The group shall use the assistance of skilled professionals where needed.

VARIANCE FROM THE DANISH PROTOTYPE: Since the model for this new housing type is Danish it is reasonable to assume that its specific application here on Bainbridge Island may be somewhat different with regard to physical design, ownership, or management. It is the intention of this group to identify those variations and agree to them specifically.

AGREED THIS 11TH DAY OF MARCH 1989:

name _____ phone _____

address _____

_____

4 컬럼비아 에코빌리지 Columbia Ecovillage-미국 포틀랜드

위치: 미국 오리건(Oregon)주 포틀랜드(Portland)

주소: Columbia Ecovillage

　　　4647 NE Killingsworth Street,

　　　Portland, Oregon 97218,

　　　USA

입주연도: 2009년

주택수: 37개. 단독주택과 아파트

주민수: 76명(성인 64명, 어린이 12명)

소유형태: 개인소유

홈페이지: www.columbiaecovillage.org

이메일: cevinfo@gmail.com

　　　　info@columbiaecovillage.org

컬럼비아 에코빌리지는 2007년에 건설을 시작하여 2009년에 입주한 미국 오리건주 포틀랜드에 위치한 생태마을 겸 코하우징 공동체이다. 이 마을은 상업시설과 주거지역이 혼합되어 다양한 문화가 혼합된 컬리 지역사회Cully neighborhood에 속해있다. 마을 바로 앞에는 포틀랜드 북동부까지 왕래하는 2개의 정기 버스노선이 있고 자동차로 10분만 가면 포틀랜드국제공항에 갈 수 있으며 수시로 다니는 페리로도 공항에 갈 수 있다. 또한 페리로 할리우드 지역사회의 경전철 역까지도 쉽게 갈 수 있다.

마을 가까이에 콘코르디아 뉴 시즌스Concordia New Seasons, 케네디학교 Kennedy School, 커피숍, 바, 식당, 맥주홀 등이 있고 할리우드 지역Holly-wood District에는 도서관, 극장, 우체국, 백화점 등도 있다. 또한 도보 가능한 거리에 리글러Rigler초등학교, 알라메다Alameda 몬테소리유치원 그리고 영어와 스페인어의 2중언어로 교육하는 몬테소리 아이비Ivy 공립학교, 버몬트중학교도 있다. 따라서 컬럼비아 에코빌리지는 도심에 있는 공동체로서 도시에 살면서 동시에 시골에 사는 것과 같은 특성을 가지고 있다.

컬럼비아 에코빌리지가 추구하는 이념은 지역사회의 지속가능성Community Sustainability이다. 이 마을은 주민 상호 간에, 더 넓은 지역사회 간에, 그리고 지구에 대해 상호지원적인 관계를 육성할 목적으로 설립되었다. 주민들은 바쁘고 지친 현대사회에서 사리진 이웃 간의 연결을 강화시키는 한편, 환경에 대한 관심을 나누고 지구에 흔적을 적게 남기며 살기를 희망한다.

컬럼비아 에코빌리지는 자치관리로 운영되는 분양주택(개인소유)단지이다. 공동체 내에서 작업과 의사결정은 분리되어 있고 의사결정은 만장일치제에 따른다.

그림 4-93

도심에 살면서 동시에 시골에 살고 있는 컬럼비아 에코빌리지의 주변환경
(자료: http://www.columbiaecovillage.org).

역사

컬럼비아 에코빌리지의 설립자인 팜과 조 라이치Pam and Joe Leitch는 2004년에 클링스워스Killingsworth에 위치한 1970년대 아파트 단지의 바로 북쪽에 있는 농가 대지를 구입하고 언젠가 이 아파트 단지와 농가 대지를 통합하여 코하우징으로 만들면 좋겠다는 생각을 하게 되었다. 2007년 포틀랜드 퍼머컬처permaculture학교 설립자들은 이 농가 대지의 정원을 재정비하였고 팜과 조는 그 후에 아파트단지의 소유주를 만나 아파트단지를 구입하게 되었다. 팜과 조는 여러 코하우징 단지에 대해 연구한 결과, 개발자가 대부분의 재정과 사업의 위험을 책임지는 '개발자 모델developer model'로 코하우징의 개발을 추진하기로 결정하였다. 그들은 포틀랜드 지역의 개발자인 릭엔론 구스타프슨Rick and Ron Gustafson회사와 계약을 맺고 계획을 추진하였다. 그들은 대부분의 디자인과 건설에 대한 결정을 함께 하고 완성된 주택을 컬럼비아 에코빌리지의 미래 주민들에게 매도하였다.

2007년 9월 8일에 최초의 관심그룹들이 처음으로 만나서 에코빌리지의 이름을 짓고 공동체의 이념, 비전, 정책을 세우고 이를 개발자에게 전달하였다. 공식적인 첫 모임은 2007년 11월에 케네디학교에서 열렸고 그 후 몇 년간 그룹은 매달 인근 식당이나 학교에서 만나면서 컬럼비아 에코빌리지는 차츰 완성되어 갔다. 이러한 과정을 거쳐 드디어 2009년에 주민들이 입주를 시작하였다.

주민

컬럼비아 에코빌리지에는 76명의 주민(성인 64명과 어린이 12명)이 살고 있다. 연령은 2세부터 89세까지로 다양한 세대가 골고루 어울려 산다. 주민들은 대부분 오리건주 출신이지만 다른 주나 외국에서 온 사람들도 있다. 주민 중 여성비율이 61~70퍼센트로 3분의 2 정도를 차지한다. 직업은 교사, 법률가, 건강관리자, 은퇴자 등이다.

주민들은 매달 회비를 지불하여 보험료, 예비 펀드, 위원회 비용, 수도요금 등에 사용한다. 그들은 회비를 절약하기 위하여 재산을 잘 관리하고 채소, 과일, 견과류를 재배하며 서로 돕는다.

그림 4-94
다양한 연령대가 모여 사는 컬럼비아 에코빌리지 (자료: www.columbiaeco-village.org).

개인주택

컬럼비아 에코빌리지의 총면적은 15,095제곱미터이고 이 안에 놀이터, 포도농장, 채소밭, 과수원, 호두나무밭 등이 있다. 대지의 남쪽 끝에는 건물 5동에 37개의 친환경주택이 포함되어 있다. 개인주택은 넓은 부엌을 겸비한 단독주택과 아파트로 된 코하우징으로 구성된다. 주택규모는 원룸형부터 1R＋K～3R＋K에 이르기까지 다양하며 소유형태는 개인소유이다.

그림 4-95 컬럼비아 에코빌리지의 개인주택 내부(자료: www.columbiaecovillage.org).

커먼하우스

마을 안에는 커뮤니티 가든, 딸기밭, 과일나무, 호두나무 밭이 있고 양계, 양봉장, 온실. 지붕을 씌운 자전거 주차장 등이 있다. 대지의 뒤쪽에 위치한 커먼하우스는 1912년에 지어진 6침실형의 농가주택과 새로 지은 커먼하우스를 함께 사용한다. 여기에는 공동식당, 어린이 놀이방, 명상실, 부엌, 거실 겸 식당, 세탁실, 공예실, 작업실, 도구실, 창고, 손님방 등이 있어서 식사, 회의, 파티, 요가 등의 활동에 사용된다. 식당은 공동의 용도로 사용되지만 개인적인 파티에도 사용할 수 있다.

커먼하우스에서는 봄과 여름에 많은 작업활동이 일어난다. 특히 토요일 아침의 작업행사가 가장 큰 행사로, 잡초베기, 나무심기, 물주기, 추수 등의 일이 끝나면 주민들이 모두 함께 모여 커피나 점심식사를 즐긴다. 1년에 4번 있는 대 작업일에는 대규모 실내작업이나 옥외작업이 행해진다. 주민 중에는 양봉이나 양계를 하는 사람도 많고, 직접 키운 농산물로 공동식사를 준비하고 저장식품도 만든다. 대부분의 주민들은 공동정원뿐만 아니라 개인정원이 있어서 자기 집 앞마당에 채소와 화초를 기른다.

그림 4-96

1912년에 지어진 6침실형 농가주택을
커먼하우스로 사용한다(자료: www.columbiaecovillage.org).

그림 4-97

커먼하우스 내의 공예실
(자료: www.columbiaecovillage.org).

그림 4-98

커먼하우스에서 이루어지는 컬럼비아 에코빌리지
주민들의 사교모임
(자료: www.columbiaecovillage.org).

공동활동

컬럼비아 에코빌리지의 주민들은 자신들이 생산하는 식재료와 아름다운 주변환경에 큰 자부심을 느낀다. 그들은 정원, 채소밭, 건물들을 유지관리하기 위하여 협동하고 공동으로 작업한다. 농사는 특히 봄과 여름에 일거리가 많지만 나뭇가지치기, 공동거실 난로에 불 피우기, 나무심기 등, 1년 내내 일이 많다. 공동작업을 하면서 주민들이 단결되는 것이 공동체의 중요한 문화이다.

그 외에도 여러 가지 작업팀이 있어서 퇴비처리, 수로정비, 계란수집, 서류정리, 요가클래스 운영, 특별행사조직, 마을투어 운영 등의 다양한 활동을 한다. 컬럼비아 에코빌리지에서는 이 마을에 관심이 있는 사람들을 위하여 예약제로 매달 첫 번째 토요일 10시에 정기적으로 공식적인 견학프로그램을 운영한다.

공동식사는 일주일에 2~5회 열리지만 참여는 의무가 아니다. 식사는 미리 예약하면 숙련된 조리사와 보조자가 준비해 준다. 주민들은 요가나 운동경기 이외에도 마음이 맞는 사람끼리 함께 여행을 가기도 한다.

주민들은 의무적으로 작업에 종사하고 개인의 의견을 존중하여 공동체의 작업과 생활을 지원하는 정책을 결정한다. 최근의 작업정책에서는 18세 이상의 모든 성인은 한 달에 9시간 작업에 참여하는 것으로 규정되어 있는데 이 정책은 개인의 사정에 맞추어 융통적

으로 조정할 수 있으므로 실제로는 9시간보다 더 많이 일하는 사람
도 있다.

공동체의 운영은 4개 영역에서 자치적으로 진행된다: 행정,
시설/유지관리. 토지사용. 사회생활 등.

컬럼비아 에코빌리지의 공동활동 팀과 역할은 다음과 같다.

▲ 주관팀은 마을과 이사회의 회의 자료를 준비하고 마을회의를
주관한다.
▲ 근린관계팀은 기존의 지역사회, 이웃, 방문자 사이에 존경심
을 가진 상호관계를 양성함으로써 공동체의 건강, 안전, 조화를
지원한다.
▲ 행사팀은 지역사회와 협조하고 지원적 관계를 유지하기 위한
참여적이고, 즐겁고 재미있는 행사를 조직한다.
▲ 건설팀은 신축 건물과 공동공간의 확장과 건설에 관여한다.
▲ 어린이팀은 어린이 양육에 좋은 환경을 조성한다.
▲ 실내장식팀은 커먼하우스의 인테리어를 기능적이고 아름답
게 정돈하며 환영하는 분위기로 연출한다. 이 팀은 주민들이 가
진 자원과 요구, 경험을 활용하여 다양성 있고 모든 세대에게 어
울리는 스타일을 연출한다.

🔺 조리팀은 음식 프로그램의 개발을 맡고 예산, 메뉴계획의 지침과 제안에 관여한다. 취사작업의 시간표 작성, 서빙, 설거지에 관한 사항을 정한다.

🔺 조경팀은 에코빌리지 안의 모든 정원과 식재의 배치, 조성, 할당 등에 대한 내용을 맡는다. 개인이나 그룹에게 공동체의 일부를 공동체의 목적에 맞게 사용한다는 조건 하에 커뮤니티 가든community garden을 할당해 주기도 한다.

🔺 회원관리팀은 컬럼비아 에코빌리지에 관심이 있는 사람들과 상호작용하여 회원으로의 영입, 잠정적 회원과의 인터뷰, 새 입주자의 오리엔테이션 그리고 대기자 관리에 대한 업무를 맡는다.

그림 4-99 컬럼비아 에코빌리지 주민들의 공동작업 참여(양봉과 과수원 작업) (자료: www.columbiaecovillage.org).

그림 4-100

커먼하우스에서 주 2~5회 행해지는 공동식사(자료: www.columbiaecovillage.org).

그림 4-101

겨울철 눈 치우기 작업

(자료: www.columbiaecovillage.org).

그림 4-102

주민들이 손수 재배하여 수확한 채소작물

(자료: www.columbiaecovillage.org).

에필로그

Epilogue

앞으로 보다 많은 사람들이 코하우징에서 잘 살게 하기 위해서는 점점 더 많은 제안과 발전이 계속될 것이다. 전 세계적으로 근로시간이 짧아져 개인적 여유시간이 늘어나고, 청년층은 취업의 어려움으로 자기 집을 사기가 힘들어지며, 결혼을 미루거나 평생 결혼을 하지 않고 사는 독신주의가 늘어나 1인 가구가 증가할 것이다. 어린아이를 키우는 젊은 맞벌이 부부는 자녀양육과 직업생활을 양립하기가 힘들어지고, 노인들은 수명은 길어지나 노인부양시설보다는 가능한 한 오래도록 자기 집에서 자립적으로 살기를 더 원하게 될 것이다. 이러한 상황에 처한 많은 사람들이 현재의 통상적인 집보다는 더 많은 활동과 이웃 간에 유대감이 있는 집을 찾게 될 것이다. 이러한 사람들을 위하여 여러 가지 형태의 코하우징이 유용한 대안이 될 수 있을 것이다. 새로운 공동체는 공동생활과 작업활동을 잘 조화시키고, 주민의 종류와 수를 다르게 함으로써 공동체의 다양한 수준과 형태를 구성할 수 있을 것이다.

코하우징 공동체는 스칸디나비아를 비롯하여, 독일, 프랑스, 미국, 캐나다, 호주, 일본 등지에서도 설립되어 운영되고 있으나 처음에는 많은 장애에 부딪쳤다고 한다. 우리나라에도 최근 서울시의 공동체주택 확산을 위한 시범사업을 중심으로 장애인을 위한 집, 연극인 코하우징, 공동육아를 위한 코하우징 등과 같이 같은 직업이나 요구를 가진 사람들을 위한 코하우징 또는 친구들끼리의 동호인주택과 1인 가구를 위한 셰어하우징이 시도되고 있는 점은 매우 고무적인 일이다. 이러한 주거공동체가 효율적인 공동생활을 영위하기 위해서는 탁아시설, 공동부엌과 식당, 공동세탁실, 사무자동화 시설 등이 갖추어진 공동생활공간을 단지 내에 적극 도입하고 주민활동 참여를 독려해야 한다. 그를 위해서는 무엇보다도 주민들이 공동활동에 자발적으로 참여하려는 의지가 강해야 하고 공동생활에 있어서 남에게 폐를 끼치지 않으면서도 주민 상호간에 사회적 관계를 증진시키려는 노력이 필요하다.

이러한 의식의 전환은 하루아침에 이루어지는 것은 아니지만 코하우징에 살기를 희망하는 예비주민을 대상으로 조직적으로 입주 전에 공동체생활 지침을 홍보하고 교육함으로써 개선될 것이다. 이를 위해서 공동체생활 코디네이터의 파견을 위한 교육도 필요하다. 코하우징 또는 공동체주택끼리의 네트워크를 구성하여 상호간 정보를 교환하고 격려하며 공동체 의식을 강화하는 일도 중요하다. 한편, 코하우징의 설립과 확산을 위한 지방정부 차원에서의 행정적 지원과 일반인에 대한 홍보, 그리고 주택융자와 건축적 제한점을 향상시키기 위한 법적인 제도개선도 함께 요구된다.

이러한 과정을 거쳐 국내에서도 가까운 미래에 공공부문은 물론, 조합 또는 개인소유 차원의 다양한 코하우징의 실험이 가능해

지리라 기대한다. 국내에서 코하우징의 실현을 위해서는 공공부문에서 솔선하여 신축이나 오래된 주택을 개조할 때 코하우징 공동체를 실험적으로 배치해보는 것도 좋은 방안이 될 수 있다. 이 실험은 보다 현실적이고 사회적 교류를 희망하는 한부모가족, 1인가구, 노인가구와 같은 사회적 약자그룹의 요구에 맞게 우선적으로 계획할 수 있다. 아직까지 코하우징의 실험이 초기단계에 있는 우리는 스웨덴, 덴마크를 비롯한 북미, 일본 등지에서 구축된 노하우와 실패의 경험을 배우는 것이 코하우징을 건설하는 데 겪을 수 있는 공통적인 문제를 해결하고 우리문화에 접목시키는 데 있어서의 어려움을 감소시켜줄 수 있을 것이다. 국내에서도 다양한 코하우징 운동이 확산되어 이를 필요로 하는 사람들의 삶의 질 향상을 위하여 기여할 수 있기를 기대해본다.

참고문헌
References

단행본

이연숙·김미희·손승광·오찬옥 번역, Sven Thiberg 저(1999), 『스웨덴의 주택연구와 디자인』, 태림문화사(서울).

주거학연구회(2000), 『세계의 코하우징-더불어 사는 이웃』, 교문사(서울).

최정신·이언 폴손(2006), 『스칸디나비아 노인용 코하우징의 계획과 적용』, 집문당(서울).

통계청(2015), 『한국의 사회지표』.

홍형옥·이경희·최정신·김대년·조재순·권오정(2004), 『노후에는 어디에서 살까-2020년 노후의 공간환경을 전망한다』, 지식마당(서울).

Ambrose, Ivor(1993). *Etablering af seniorbofællesskaber, Erfaringer fra 3 projekter i Odense*, SBI-meddelse, 97. Statens Byggeforkningsinstitu. Hørsholm, Denmark.

Daatland, Sven Olav. Gottschalk, Georg. Høyland, Karin. Jensen Susanne Palsig. Jónsdóttir, Sigriður. Kurenniemi & Paulsson, Jan(2000). *Future Housing for the Elderly, Innovations and Perspectives from the Nordic Countries*. Nordic Council of Ministers. Copenhagen Denmark.

Danish Building Research Institute(1984). *SBI Report 187; Cohousing Communities , Collection of Examples*, København. Denmark.

Durrett, C. (2005). *Senior Cohousing, A Community Approach to Independent Living*. Habitat Press. Berkeley, USA.

Durrett, C. (2009). *The Senior Cohousing Handbook*, New Society Publishers, BC. Canada.

Egerö, B. (2010a), "*Introduction: Cohousing -Issues and Challenges*", in Vestbro ed. 2010, 11-20, Stockholm, Sweden.

Egerö B. (2010b), "*Social change and housing demands -what futures?*", in Vestbro ed.

2010, 79-86, Stockholm, Sweden.

Fich, M., Mortensen, P.D. & Zahle, K. (1995). *Old People's Homes*. Kunstakademiets Forlag-Arkitektskolen, Copenhagen, Denmark

Foreningen Bofælleskaber for Ældre (1997). *Registerant over 42 danske seniorbofællesskaber*, Boligtrivsel I Centrum, København, Denmark

Fromm D. (1991), *Collaborative Communities*, Van Nostrand Reinhold, New York, USA.

Kähler, M. (2004), *Bofælleskab fra drøm til virkelighed (Co-housing from dream to reality)*, Ældresagen, København, Denmark

Kähler, M. (2010), *"Collective housing and well-being"*, in Vestbro ed. 2010, 93-104.

McCamant, K., & Durrett, C. (1994). *Cohousing: A contemporary approach to housing ourselves*. Berkeley, USA: Habitat Press.

Meltzer, G.(2005). *Sustainable community: Learning from the cohousing model*. Victoria, British Columbia, Canada: Trafford.

Paulsson, J. (1997). *Det Nya Ädreboender, Idéer och begrepp, byggnader och rum (New Concepts and Design of Housing for the Frail Elderly). R3:1997*, Chalmers tekniska högskola, Göteborg, Sweden

Pedersen, M. (1999). *Seniorbofællesskaber*. BiC (Boligtrivsel i Centrum), København, Denmark.

Pedersen, M. (2000). *Nybygerre i den tredje alder, om bofællesskaber*. BiC(Boligtrivsel i Centrum), København, Denmark.

Pedersen, M. (2012), *Det store eksperiment(The big experiment)*, Statens Byggeforskningsinstitut (SBi), Ålborg Universitet, Denmark

SABO(1992). *Rrapport no.32, företag utvecklar seniorboende- dokumentation av ett seminarium I Motalai*. maj 1992, Stockholm, Sweden.

ScottHanson C. & ScottHanson K.(2005), *The Cohousing Handbook*, Revised Edition, New Society Publishers, Canada.

Schmidt, L. (1991), *Boliger med nogo attåt–nye bofellesskap i et historisk perspektiv(Homes with a little extra–new co-housing units in historical perspective)*, Husbanken Oslo, Norway.

Vestbro, D. U. (2010a), *"Concepts and terminology"*, in Vestbro ed. 21-29. Stockholm, Sweden.

Vestbro, D. U. (2010b), *Living together –Cohousing Ideas and Realities around the World*. in Vestbro ed. Stockholm, Sweden.

학술지 게재와 학회발표 논문

곽유미·조정현·홍서정·이동숙(2006), 「공동체의식에 따른 코하우징 선호도」, 『한국주거학회 학술발표대회 논문집』.

곽유미·조정현·홍서정·곽인숙(2007), 「주거가치에 따른 코하우징 거주의사에 관한 연구」, 『한국주거학회논문집』.

조정현·최정신(2011), 「미국 코하우징의 특성 및 주민참여 현황」, 『한국주거학회논문집』, 한국주거학회, 22(2), 11~20.

조정현·곽유미·홍서정(2007), Residents' Participation in Common Activities in an Intentional Community: A Case of the Mindlre Community (APNHR International Conference Proceedings. Seoul Korea.

최정신(2003), 「덴마크 자치관리모델(Self-work Model) 노인용 코하우징의 디자인 특성」, 『대한가정학회지』, 대한가정학회, 41(4), 1~19.

최정신(2003), 「스칸디나비아 노인용 코하우징 주민의 이주 동기」, 『대한건축학회

논문집 계획계』, 대한건축학회, 19(12), 129~138.

최정신(2005), 「스웨덴과 덴마크 노인용 코하우징 주민의 생활만족도 비교」, 『주거학회논문집』, 한국주거학회, 16(6), 149~160.

최정신·조재순(2006), 「스칸디나비아 노인용 코하우징 주민의 이주동기와 생활만족도의 성별차이」, 『한국가정관리학회지』, 한국가정관리학회, 24(1), 117~128.

최정신(2011), 「인구, 사회구조 변화에 따른 쉐어형 주택사례-코하우징」, 『LH-한국주거학회 합동 세미나 발표논문집』, 한국주거학회, 서울, 10~21.

최정신(2013), 「스웨덴 노인용 코하우징 주민의 이주동기의 시계열적 차이: 2001~2010년 10년간의 차이를 중심으로」, 『한국가정관리학회지』, 한국가정관리학회, 31(3), 81~92.

최정신(2015), 「커뮤니티 프로그램 및 공동체 규약 사례조사」, 서울특별시 주택국 주택정책과 공동체주택 연구용역 보고서(미간행).

최정신·조재순(2016), 「스웨덴 노인용 코하우징 주민의 공동활동 참여도와 생활만족도의 시계열적 차이: 2001~2010년도의 비교」, 『한국가정관리학회지』, 한국가정관리학회, 34(1), 1~12.

최정신(2016), 「성공적인 공동체 운영을 위한 지침: 덴마크와 스웨덴의 코하우징 사례를 중심으로. 건축 60」(06), 대한건축학회, 38~47.

한민정·이상호(2005), 「코하우징에 적용된 커뮤니티 개념의 계획기법에 대한 연구」, 『한국주거학회논문집』, 한국주거학회, 16(6), 93~100.

한민정·최정신·이상호(2005), 「덴마크와 스웨덴 코하우징의 물리적 특성에 대한 연구」, 『한국주거학회논문집』, 한국주거학회, 16(5), 57~66.

홍서정(2004), 「한국 농촌형 코하우징 계획에 대한 연구」, 가톨릭대학교 대학원 석사학위논문(미간행).

Choi, J. S. & Paulsson, J. (2003). A Study of Life and Physical Environment of Senior Cohousing in Scandinavian Countries, with Significance for Future Quality of Life in European Countries and East Asian Countries, *Proceedings of Stockholm Symposium on Nordic Studies, Association of Nordic Studies, Sweden, Japan and Korea, Stockholm*, Sweden.

Choi, J. S. (2004a). Perception of Senior Cohousing by Korean 50s Living in Seoul Area, *Proceedings of ENHR (European Network for Housing Research) International Conference*, Cambridge, UK.

Choi, J. S. (2004b). Evaluation of Community Planning and Life of Senior Cohousing Projects in Northern European Countries. *European Planning Studies 12(8)*. 1189‒1216.

Choi, J. S. & Paulsson, J. (2011). Evaluation of Common Activity and life in Swedish Cohousing Units. *International Journal of Human Ecology. Korean Institute of Human Ecology. 12(2)*. 133‒146.

Choi, J. S. (2013). Why Do People Move to Cohousing Communities in Sweden? ‒Are there any Significant Differences between the +40 Cohousing and the Mixed‒age Cohousing?‒. *Architectural Research. Architectural Institute of Korea. 15(2)*. 77‒86.

Choi, J. S., Cho, J. & Suh, K. (2014). Participation of Common Activities and Satisfaction with Common Space: In a Tentative Framework of Housing Adjustment for Swedish Cohousing Residents. *Journal of the Korean Housing Association. the Korean Housing Association. 25(4)*. 125‒133.

Egerö, B. (2012). "Four decades of Swedish cohousing –what chances of a real take‒off?" Conference on Self‒Managed Co‒Housing: born out of need or new ways of life? Studium, *CITERES and MSH Tours, 12-13 March 2012*, Tours

Egerö, B. (2014). Puzzling patterns of co‒housing in Scandinavia. http://www.kollektivhus.nu/pdf/Bertil%20Lidewij%20article%20corr%20aug%2014.pdf

Galss, A.P. (2009), "Aging in a Community of Mutual Support: The Emergence of an Elder Intentional Cohousing Community in the United States". *Journal of Housing for the Elderly, 23*: 283 – 303.

Graae, B. (1967), "Børn Skal Have Hundrede Foraeldre" (Children should have hundreds of parents), *Politiken Copenhagen*, April 1967.

Gudmand-Høyer, J. (1968), "Det manglende led mellem utopi og det foraeldede en familiehus" (The missing link between utopia and the dated one-family house), *Information26. June*, 1968

Jarvis, H. (2011). "Saving space, sharing time: integrated infrastructures of daily life in cohousing" *Environment and Planning A 2011, 43*, 560-577.

Jensen, S.P. (1994). "*Summary and Conclusion of the Conference on Cohousing for Senior Citizens in Europe*". BiC, Copenhagen, Denmark, 8-13.

Kim, H.S. (2017). Modeling Sustainable Cohousing for Gyeonggi-do, Korea, based on the Swedish Cohousing, Master Thesis, Malmö University, Sweden.

Paulsson, J. (1996). New Concepts and Design of Housing for the Frail Elderly in Sweden. 「가톨릭대학교 국제학술심포지움 "한국노인주택개발의 방향모색" 발표 자료집」, 서울.

Schmidt, L. (2002a), Nye boliger med "nogo attåt", Service, mangfold og fellesskap (New homes with a little extra), *Norsk institutt for by-og regionforskning 2002:109*, Oslo, Norway.

Schmidt, L. (2002b), BOLIG+, Nytt og bedre hverdagsliv (Home+, new and better everyday life), *Norsk institutt for by-og regionforskning 2002:12*0, Oslo, Norway.

Tchoukaleyska, R. (2011). "Co-housing childhoods: parents' mediation of urban risk through participation in intentional communities". *Children's Georgaphies, 9(2)*.

235-246.

Toker, Z. (2010). "New housing for new households: comparing cohousing and new urbanist developments with women in mind" *Journal of Architectural and Planning Research, Winter 2010, 27(4)*. 325-339.

Vestbro, D. U.(2000). From Collective Housing to Cohousing-A Summary of Research. *Journal of Architectural and Planning Research. 17(2)*. 164-177.

Vestbro, D.U. (2010). "History of cohousing-internationally and in Sweden". *Proceedings of the 1st International Cohousing Conference, Stockholm, Sweden*.

Williams, J. (2005). "Sun, surf and sustainable housing: Cohousing, the California experience". *International Planning Studies, 10*, 145 – 177.

Zhang, R., Lv, Y.H. (2011). "A new living concept based on low-impact strategy –The sustainability of cohousing community" *Advanced Materials Research, 224*, 220-223.

웹사이트

http://www.kollektivhus.nu
http://www.majbacken.org
http://www.si.se
http://denmark.dk
http://www.cohousing.org
http://www.ic.org/directory
http://russinetilund.dinstudio.se
http://sjofarten.se

http://fardknappankollektiv.se

http://sockenstugankollektiv.nu

http://winslowcohousing.org

http://www.windsong.ca

http://www.tinggaarden.nu

http://www.xn-bofllesskab-c9a.dk

http://dabbolig.dk

http://www.cohousing.ca

http://www.tradet.nu

http://www.stacken.org

http://www.tullstugan.se

http://www.trudeslund.dk

http://www.langgeeng.dk

http://www.bolgemenskap.nu/BiG/Kornet kooperativ hyresrättsförening

http://www.slottet.org

https://kollektivhus.wordpress.com

http://www.columbiaecovillage.org

http://quaysidevillage.googlepages.com/home

http://1.cohousing.org/dk99/tour.html

http:// www.wisearescoopertive.org

http:// www.bartcommunity.org

코하우징 공동체

스칸디나비아와 북미의 연령통합형 코하우징을 찾아서

초판 1쇄 발행일 2017년 11월 30일

글 최정신 · 홍서정
사진 최정신
펴낸이 박영희
편집 김영림
디자인 이재은 · 박희경
마케팅 김유미
인쇄 · 제본 AP프린팅
펴낸곳 도서출판 어문학사
　　　서울특별시 도봉구 해등로 357 나너울카운티 1층
　　　대표전화: 02-998-0094/편집부1: 02-998-2267, 편집부2: 02-998-2269
　　　홈페이지: www.amhbook.com
　　　트위터: @with_amhbook
　　　페이스북: www.facebook.com/amhbook
　　　블로그: 네이버 http://blog.naver.com/amhbook
　　　　　　다음 http://blog.daum.net/amhbook
　　　e-mail: am@amhbook.com
　　　등록: 2004년 7월 26일 제2009-2호

ISBN 978-89-6184-461-1　03330

정가 17,000원

이 도서의 국립중앙도서관 출판예정도서목록(CIP)은 e-CIP홈페이지(http://www.nl.go.kr/ecip)와 국가자료
공동목록시스템(http://www.nl.go.kr/kolisnet)에서 이용하실 수 있습니다. (CIP제어번호: CIP2017030904)

※잘못 만들어진 책은 교환해 드립니다.